KB142437

중간착취의 지옥도

일러두기

- 책에 실린 인터뷰 대상자들은 실명을 쓴 인물도 있고 가명을 쓴 인물도 있다.
- 이 책의 1부와 4부는 남보라, 2부는 박주희, 3부는 전혼잎이 썼다.

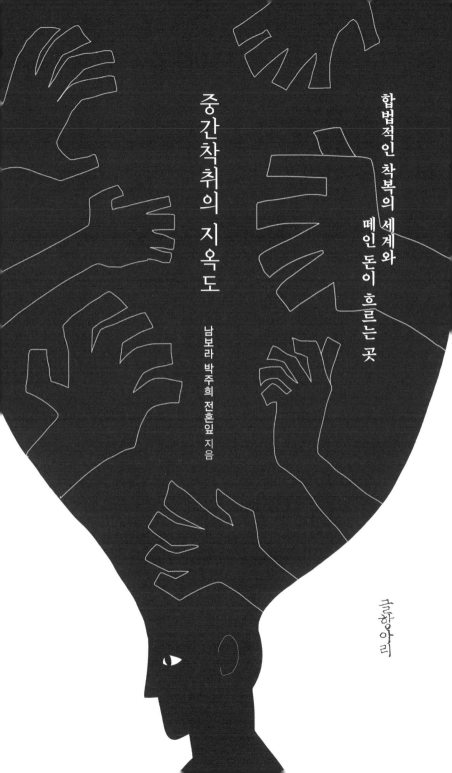

합법적인 착복의 세계와
떼인 돈이 흐르는 곳

중간착취의 지옥도

남보라 박주희 전혜원 지음

글항아리

'노동자 100명 인터뷰하기'는 10년 안팎의 취재 경력을 가진 기자 세 명 모두 처음 해보는 일이었습니다. 쉽지 않을 거라 예상은 했지만, 생각보다 더 어려웠습니다. 이들은 조금 다른 노동자였으니까요.

콜센터 상담원, 은행 경비원, 청소 노동자, 파견직 사무보조원, 발전소 노동자, 자동차 부품 업체 노동자……. 자신이 일하는 곳, 그러니까 원청과는 근로계약을 맺지 않죠. 흔히 아웃소싱 업체라고 불리는 용역·파견업체에 소속된 '간접고용' 노동자들입니다.

이런 간접고용 노동자가 전국에 340만 명이 넘는다는데, 우리는 100명 섭외에도 애를 먹었습니다. 이들은 파편화된 채 뿔뿔이 흩어져 있어 닿기가 쉽지 않았습니다. 전국의 크고 작은 노동조합과 비정규직센터, 상담센터, 소규모 지역 단체들, 온라인 노동자 커뮤니티까지 샅샅이 뒤진 끝에야 다양한 직종에서 일하는 노동자

100명을 인터뷰할 수 있었습니다.

그리고 모든 인터뷰를 끝낸 후에야 왜 이리 섭외가 어려웠는지 조금은 알 것 같았습니다. 많은 노동자가 노동의 대가를 중간업체에 빼앗기는 현실에 분노했지만 그 분노를 압도하는 게 있었죠. 어차피 현실은 달라지지 않을 거라는 체념, 행여 인터뷰 사실이 밝혀져 이 일자리마저 잃지 않을까 하는 불안. 원청과 용역·파견업체가 서로 책임을 떠넘기며 노동자의 권리를 짓밟는 거대하고 교묘한 착취 구조 속에서 무력감을 느끼지 않을 사람은 별로 없을 겁니다. '계약 해지'라는 말로 언제든 해고할 수 있는 악랄한 구조는 노동자들의 연대를 원천 차단하고 있고요.

노동자 인터뷰와 함께, 이들이 착취당하는 돈이 어디로 흘러가는지도 추적했습니다. 이 역시 짐작은 했지만 생각보다 큰 돈이, 비슷한 사람들의 배를 불리고 있었죠. 누군가는 자신의 피·땀·눈물인 노동의 대가를 다달이 도둑맞고, 다른 누군가는 아주 간편하게 그 일부를 가로채는 곳.

우리는 이 지옥도를 2021년 1월 한국일보 지면을 통해 6회에 걸쳐 보도했습니다. 비정규직 문제를 다룬 수많은 기사 중 오롯이 간접고용 노동자들의 중간착취 문제에만 현미경을 댄 덕분에 과분한 관심과 격려를 받았습니다.

하지만 보도 후에도 달라진 건 없습니다. 간접고용 노동자들은 여전히 월급 일부를 빼앗기고, 원청과 용역·파견업체로부터 이중 갑질을 당합니다. 하나라도 바꿔보고자 국회와 정부를 찾아갔습니다. 합법적인 착취의 사슬을 끊을 법과 제도만이 이 지옥도에 균열을 낼 수 있으니까요.

이 책에는 기사에 다 담지 못한 100명의 귀한 목소리와 기자들의 '입법 로비' 과정을 담았습니다.

책에 인터뷰 내용을 실어도 될지, 실명을 사용해도 괜찮을지 노동자들에게 물었을 때, 한 노동자는 이렇게 답했습니다.

"이름 그대로 내십시오. 거짓말한 거 하나 없습니다. 저는 까딱없습니다."

그 모든 불안과 체념을 딛고 인터뷰에 응해준 100명의 노동자에게 깊이 감사드립니다. "옳지 않다"고 단단히 말해주던 그 목소리들 덕분에 여기까지 올 수 있었습니다.

이 여정의 시작인 2020년 12월. 한국일보에 새로 생긴 기획 취재 부서인 어젠다기획부 첫 회의에서 '중간착취 문제를 취재해보자'며 아이템을 주고, 끝까지 믿고 지지해준 이진희 부장께도 감사드립니다. 이진희 부장이 아니었다면 세상에 나오지도, 많은 관심을 받지도 못했을 이야기입니다. 또 오랜 취재 과정을 묵묵히 기다려준 한국일보, 도움과 응원을 아끼지 않았던 동료들에게도 감사 인사를 전합니다.

책 출판을 제안해주신 글항아리 이은혜 편집장님께도 감사드립니다. 편집장님이 아니었다면 기사에 담지 못했던 노동자들의 생생한 목소리는 끝내 기록되지 못했을 겁니다. 아울러 원고를 미리 읽고 추천의 말을 써주신 김훈, 장혜영, 박정훈 선생님, 고맙습니다.

늘 곁에서 함께해준 가족들에게도 사랑의 마음을 전합니다.

이 책이 모든 노동자에게 작은 위안과 응원이 될 수 있다면 더 바랄 게 없겠습니다.

남보라 박주희 전혼잎

3부 진화하는 착취

4부 법을 바꾸는 여정

1부 —— 합법적인 착취, 용역

1 _____ 지선씨를 인터뷰한 날

은행 경비원으로 일하는 강지선씨는 부산 사투리로 조곤조곤 말했다.

"2011년 7월 11일에 지금 일하는 용역업체에 입사했어요."

은행에서 일한 지 얼마나 됐느냐는 첫 질문에 그는 정확한 입사 날짜로 대답했다. 딱 서른 살에 들어와 삼십대를 모두 보낸 곳. 그만큼 소중한 일터였기 때문일까? 그는 "지점을 우리 집이라고 생각하고 정말 열심히 일했다"고 말했다.

입사 초기 그의 아침 첫 업무는 지점장님 차 세차였다. 매일 한시간 일찍 출근해 지하 주차장으로 내려갔다. 여름에는 아침부터 온몸이 땀으로 젖어 여벌 옷을 싸들고 다녀야 했고, 겨울에는 물걸레질을 하면 살얼음이 얼어 입김을 후후 불어가며 '입김 세차'를 했다. 세차를 마친 후에는 은행원들의 책상을 정리하고, 연로한 청소 '이모'를 도와 쓰레기도 같이 버렸다.

은행원들이 지점에 필요한 물건을 사오라고 하면 마트에 가서 장을 봤다. 물건을 실어 나를 차가 없어 마트에 양해를 구한 뒤 카트를 빌려 옮기기도 했다. 아침부터 온갖 허드렛일에 시달리다가 오후 늦게 지점 문이 닫히면 그때부터는 이제 은행원이 됐다. 은행원들과 함께 정산 업무를 하고, 현금자동입출금기ATM에 돈을 채웠다. 고장 난 ATM을 수리하는 것도 그의 몫이었다.

이 가운데 은행 경비원의 업무에 해당되는 것은 단 하나도 없다. '7월 11일에 입사한' 용역업체는 업무 범위에 대해 설명해준 적이 없었고, 용역업체와 계약 맺은 은행 지점에서 전임자에게 인수인계 받은 대로 일할 뿐이었다. 그리고 이렇게 열심히 하면 조금씩 나아질 거라 믿었다.

그걸 알게 된 건 우연이었다. 입사한 지 1년이 안 됐을 때다. 가깝게 지내던 은행 서무 담당자가 그에게 물었다. "지선아, 돈 벌어서 어디다 쓰길래 맨날 돈이 없다 그래?" 월급이 얼마 안 돼서 그렇다고, 100만 원 조금 넘게 받는다고 답했더니 서무 담당자가 깜짝 놀랐다. 지점 살림을 도맡아 하는 그는 "매달 경비원 인건비로 240만 원씩 용역업체에 주는데 무슨 소리야?"라며 지선씨에게 되물었다.

대체 어떻게 된 거냐고 물어야 할 사람은 오히려 지선씨였다. 그 달 용역업체가 준 월급은 세후 132만 원. 은행에서 용역업체에 지급한 240만 원이 업체를 거치면서 132만 원으로 줄었다. 은행원들은 은행이 업체에 지급한 돈이 고스란히 지선씨 월급으로 들어가는 줄 알고 있었다. 지선씨는 업체가 세금 등을 뗄 거라고 짐작은 했지만 이렇게 큰돈일 줄은 몰랐다. 월급에 맞먹는, 100만 원쯤 되는 돈을 매달 떼어간다는 사실은 커다란 충격이었다.

더구나 용역업체가 해주는 일은 없었다. 지선씨가 했던 모든 가욋일은 불법이었다. 은행은 보안·경비 업무를 지선씨가 속한 용역업체에 전적으로 맡기는 '도급'계약을 맺었다. 이것은 원청인 은행이 지선씨에게 업무 지시를 할 수 없다는 뜻이다. 업무를 지시하는 순간 도급이 아닌 '불법 파견'이 된다. 하지만 은행은 단순한 업무 지시를 넘어 부당 행위까지 하고 있었다. 이것을 바로잡는 일은 경비지도사의 몫인데, 그가 한 달에 한 번 지선씨가 일하는 지점에 와서 하는 말이라곤 "은행원들 말 잘 들어라"가 전부였다. 경비지도사 역시 용역업체 소속이다.

은행 객장 안에서 일하는 노동자 가운데 유일하게 은행 소속이 아닌 지선씨. 용역업체는 그가 홀로 겪는 부당 행위를 늘 방조했고, 자주 부추겼다. 은행원들과 업무 관련 갈등이 생겨도 은행 쪽 얘기만 듣고 지선씨를 나무랐다. 경위를 묻는 과정은 없었다. 그들에게 중요한 것은 은행과의 계약 유지뿐이다. 지선씨가 노동한 대가로 매달 받는 돈 중 일부를 떼어 이윤을 발생시키는 것만이 유일한 사업 수단인, 이른바 '사람 장사'를 하는 것이다.

내내 차분하던 지선씨의 목소리가 갑자기 높아졌다. "중간에서 돈을 떼어가면 최소한의 보호막 역할은 해줘야 되잖아요. 그런데 그런 건 하나도 없고 그냥 사람 꽂아놓고 돈만 받아가는 거예요. 완전히 방치돼 있어요. 낙동강 오리 알 신세인 거죠."

하지만 지선씨는 단단한 사람이었다. 그는 우연히 알게 된 중간 착취 문제를 그냥 지나치지 않았다. 용역업체에 "은행에서 받는 돈 중 얼마를 어떤 명목으로 가져가는 거냐"고 물었다. 몇 번을 물어도 "알려줄 수 없다"는 입장만 고수하는 업체 담당자와 싸우기도 했다. 이번에는 은행 서무 담당자에게 물었다. "용역업체에 모두 얼마를 주는 거예요?" 그 역시 "은행 본사에서 알려주면 안 된다고 했다"며 입을 다물었다.

그렇게 10년 동안 일했다. 지선씨는 정확히 얼마를 착취당하는 지도 모르는 채 노동의 대가를 빼앗겼고, 부당 행위들을 혼자 감당했다. 용역업체가 빼앗은 것은 그의 급여만이 아니었다. 노동자로서의 권리와 존엄까지 앗아갔다.

국내 코로나19 확진자가 하루 1000명 넘게 나오던 2020년 12월, 대면 취재를 되도록 피하라는 회사의 방침으로 그의 이야기를 전화로 들을 수밖에 없었다. 통화를 끝낸 후 마음이 복잡해졌다. 지선씨는 기자들이 흔히 말하는 '얘기가 되는 취재원'이었다. 지선씨 전에도 노동자 10명 정도를 인터뷰했지만 용역, 파견업체에서 일하는 노동자의 삶이 이처럼 응축돼 있는 취재원은 지선씨가 처음이었다. 노조도 없이 홀로 업체 담당자와 싸워가며 중간착취에 맞선 사람 역시 그뿐이었다. 기사의 주제의식을 선명하게 해줄 좋은 취재원을 만났다는 기쁨과 '해도 너무하는' 용역업체에 대한 적의가 뒤섞인 채 메일함을 열었다.

지선씨가 통화 후 보내주기로 한 월급명세서가 도착해 있었다. 꼼꼼하고 야무진 지선씨는 10년간의 월급 변화를 쉽게 비교해볼 수 있도록 10년 전과 5년 전, 그리고 현재의 월급명세서를 모두 9월 기준으로 캡처해서 보내줬다.

'실지급액' 칸에 담긴 숫자들을 보다가 정신이 아득해졌다. 내내 '기삿거리'로만 여겼던 게 사실은 누군가의 현실이라는 뒤늦은 자각이 밀물처럼 몰려왔다. '0원'으로 바뀌는 월급 항목이 점점 늘어가고, 10년간 고작 59만 원 오른 월급. 하나하나 뜯어볼수록 미간이 찌푸려졌다.

곧이어 몰려온 것은 엄청난 무력감이었다. 너무 거대한 부조리여서 막막했다. 피해자는 선명한데 가해자는 가물거리는 풍경. 억울해 죽겠는데 다들 내 책임이 아니라고 손사래 치는 지옥.

대체 어디서부터 화를 내야 할지 혼란스러웠다. 노동자에 기생해 다달이 수십만 원씩 떼는 용역업체에 화를 내야 할지, 10년 차 직장인의 월급이 100만 원이라는 것에 분노해야 할지, 은행의 저열한 갑질에 분개해야 할지, 억대 연봉에다 성과금 잔치를 벌이면서도 경비 업무는 외주화시킨 금융업계에 분노해야 할지……. 이 모

지 급 내 역		공 제 내 역	
기본급	910,000	소득세	7,020
연장수당	0	주민세	700
직책수당	0	의료보험	35,940
식사수당	100,000	국민연금	53,840
무술수당	70,000	고용보험	7,320
근속수당	20,000	가불금	0
국공휴(휴일)	0	소급공제	0
대근수당	0	보증보험	0
퇴직금	0	추가격려금	0
직무교육비	0	주민세정산	0
연차수당	0	기타공제1	0
상여금	0	기타공제2	0
심야(휴.야)	0	사우회비	0
경비수당	0	조합비	0
교통비(비과세)	0	의보정산	0
벽지수당	0		
소급액	0		
시간외수당	136,000		
자격수당	0		
격려 및 보조금	0		
차량유지비	0		
능률수당	0		
etcTot	196,500		
소득총액	1,432,500	공제총액	104,820
		실지급액	1,327,680

2011년 9월 132만7680원

지 급 내 역		공 제 내 역	
기본급	1,360,000	소득세	11,400
연장수당	0	주민세	1,140
직책수당	0	건강보험	49,320
식사수당	100,000	장기요양보험	3,230
경비업무지원비	72,000	국민연금	71,500
근속수당	120,000	고용보험	10,580
국공휴(휴일)	0	가불금	0
대근수당	0	소급공제	0
퇴직금	0	보증보험	0
직무교육비	0	소득세정산	0
연차수당	0	주민세정산	0
상여금	0	농특세정산	0
심야수당	0	기타공제1	0
경비수당	0	기타공제2	0
교통비(비과세)	0	사우회비	0
장애인수당	0	의보정산	0
소급액	0	조합비1	0
연차외공제	0	조합비2	0
시간외수당	0	취업후학자금원천공제	0
자격수당	0		0
격려 및 보조금	0		0
차량유지비	0		0
기타지급합계	77,000		0
소득총액	1,729,000	공제총액	147,170
		실지급액	1,581,830

2016년 9월 158만1830원

지 급 내 역		공 제 내 역	
기본급	1,984,700	소득세	19,520
식사수당	100,000	주민세	1,950
직책수당	0	건강보험	64,860
자격수당	0	장기요양보험	6,640
경비업무지원비	21,000	국민연금	86,310
근속수당	0	고용보험	16,040
휴일수당	0	가불금	0
연장수당	0	소급공제	0
대근수당	0	보증보험	0
심야수당	0	소득세정산	0
시간외수당	0	주민세정산	0
연차수당	0	농특세정산	0
직무교육비	0	기타공제1	0
상여금	0	기타공제2	0
격려 및 보조금	0	사우회비	0
국공휴(휴일)	0	의보정산	0
장애인수당	0	조합비1	0
교통비(과세)	0	조합비2	0
소급액	0	취업후학자금원천공제	0
근태공제	0	건강보험정산	0
연차외공제	0	장기요양보험정산	0
추가격려금	0		0
기타지급합계	0		0
소득총액	2,105,700	공제총액	195,320
		실지급액	1,910,380

2020년 9월 191만380원

은행 경비원 강지선씨가 보내준 2011, 2016, 2020년 급여명세서.

든 게 한 몸처럼 엉켜 있어 지선씨든 누구든 풀기가 난망해 보였다.

지선씨의 단단한 목소리가 귓가에 맴돌았다. 월급명세서가 말해주는 반박할 수 없는 현실과 그가 중간착취에 맞서 싸워온 시간들을 생각했다. 이 기사를(이 책을) 잘 써야겠다는 마음이 들었다.

기사를 '써야 한다'는 직장인으로서의 의무감과 '잘 써야겠다'는 기자의 사명감이 꼭 들어맞는 일은 예상외로 흔치 않다. 여기에 '정말 잘 쓰고 싶다'는 욕심, '꼭 달라졌으면 좋겠다'는 바람까지 담기는 경우는 더 흔치 않고. 그런데 지선씨를 인터뷰한 날, 나는 욕심이 생기기 시작했다.

2 _____ 지선씨도 용균씨도

용역업체를 거치면 월급이 반토막 나는 이 이상한 착취는 지선씨만 당한 게 아니다. 2018년 화력발전소에서 산업재해로 사망한 고故 김용균씨. 그도 똑같은 방식으로 임금을 빼앗겼다.

도심 속 말끔한 은행 지점에서 경비원으로 일하는 지선씨와 충남 태안 바닷가 마을 화력발전소에서 탄가루를 뒤집어쓰며 일했던 용균씨. 전혀 다른 공간에서 다른 일을 한 두 사람을 한데 묶는 것은 '간접고용'이라는 사슬이다.

간접고용은 사용자가 노동자를 직접고용하지 않는 것을 말한다. 과거에는 사용자가 노동자와 직접 근로계약을 맺고 노동력을 제공받았지만, 이제는 사용자가 용역·파견업체와 계약을 맺고 그 업체들이 고용한 노동자들의 노동력을 제공받고 있다. 사용자-노동자로만 이루어진 일대일 관계에서 노동자를 고용한 '고용주'라는 새로운 중간인이 등장해 사용자-고용주(용역·파견업체)-노동자 관계로 변화한 것이다. 흔히 말하는 '아웃소싱'이다.

지선씨는 손꼽히는 대형 민간 은행에서 일하지만 용역업체 소속이고, 용균씨 또한 공기업인 한국서부발전에서 일했지만 용역업체 소속이었다. 그리고 꼭 닮은 방법으로 노동의 대가를 빼앗겼다.

중간착취는 두 계약의 빈틈에서 발생한다. 사용자가 노동자를 직접고용할 때는 근로계약 하나만 있으면 그만이지만 삼자가 연루되는 간접고용에서는 두 가지 계약이 필요하다. 원청이 경비 등 특정 업무를 용역업체에 맡길 때 원청과 용역업체가 맺는 '도급계약' 그리고 용역업체가 노동자와 맺는 '근로계약'이다.

용역업체는 원청의 사업을 따내기 위해 입찰에 참여할 때 도급비, 즉 해당 업무를 하는 데 필요한 금액을 적어 낸다. '이 일을 하려면 이 정도 돈이 필요하다'는 일종의 견적서로, 세부 내용을 적은 것이 '도급비 산출 내역서'다. 이 내역서는 노동자 인건비, 용역업체 운영비, 경비, 이윤으로 구성된다. 즉 원청에서 이만큼의 돈을 받아 노동자들에게 임금도 주고 업체를 운영해 맡은 업무를 완료하겠다는 뜻이다.

용균씨가 속했던 노조인 공공운수노조에서 제공받은 도급비 산출 내역서에는 이 항목들이 상세히 나와 있었다. 업무 숙련도에 따라 직접노무비가 달랐는데, 중급 숙련 기술자였던 용균씨 몫으로 원청이 하청에 지급한 직접노무비는 522만 원이었다. 직접노무비는 용역업체의 운영비 등이 포함돼 있지 않은, 100퍼센트 노동자에게 지급해야 하는 순수 인건비다.

하지만 2018년 11월 그의 마지막 월급명세서에 찍힌 실지급액은 211만7427원뿐이었다. 하청업체를 거치며 311만 원이 사라진 것이다. 용역업체는 용균씨에게 이 돈만 주기로 근로계약을 맺었기 때문이다. 4조 2교대로 한 달에 8일은 낮에 12시간, 8일은 밤에 12시간을 꼬박 새워 위험한 중장비 사이에서 일한 대가였다. 원청으로부터 이 노동의 대가로 월 522만 원을 받은 뒤 노동자에게는 211만 원어치라고 깎는 것, 그게 사용자와 노동자 사이에 낀 용역업체가 한 일이었다.

용균씨의 산업재해 사망 사고를 조사한 '석탄화력발전소 특별노동안전조사위원회'(특조위)가 2019년 9월에 발표한 진상 조사 결과 종합 보고서에는 이런 실태가 고스란히 담겨 있었다. 발전사와 계약 맺은 용역업체 대부분은 임금 지급 내역 자료를 특조위에 제출하지 않았다. 이에 특조위는 용역업체가 납부한 노동자들의 건강보험료 자료를 토대로 인건비를 역산했고, 용역업체가 원청에서 받은 노무비 중 실제로 노동자에게 지급한 것은 47~61퍼센트에 불과한 것으로 추정했다. 즉 노동자에게 줘야 할 노무비 중 39~53퍼센트를 중간에서 착복한 것이다.

특조위는 이렇게 지적했다. "노무비 계약 금액 중 절반가량이

다. 직접노무비 산출내역

[단위:원]

구 분	고급기술자	중급기술자	초급기술자	중급숙련기술자	초급숙련기술자	비 고
노임단가	278.193	222,605	191,622	180,455	145,050	'15년 시중노임
월 근무일수	22.8333	22.8333	22.8333	22.8333	22.8333	
기본급(월)	6,352,064	5,082,806	4,375,362	4,120,383	3,311,970	
근로자의 날 근무수당	-	23,188	19,960	18,797	15,109	
연차대근수당	-	587,429	425,826	401,011	302,187	
야간근무수당	-	847,135	729,228	686,731	551,995	
초과근무수당 합계	-	1,457,752	1,175,014	1,106,539	869,291	
직접노무비 합계	6,352,064	6,540,558	5,550,376	5,226,922	4,181,261	

원청인 한국서부발전이 하청에 지급한 중급 숙련 기술자 1인당 직접노무비는 월 522만 원. '직접 노무비'에는 용역업체의 운영 경비, 이윤 등이 포함돼 있지 않기 때문에 100퍼센트 노동자에게 지급해야 하는 인건비. 하지만 중급 숙련 기술자인 김용균씨가 2018년 11월 마지막으로 받은 월급은 211만 원뿐이었다. 하청업체를 거치며 311만 원이 사라졌다.

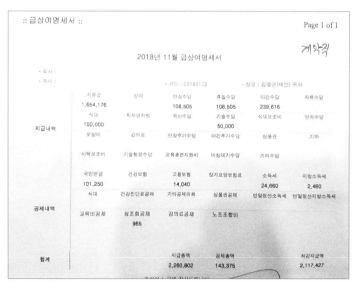

김용균씨의 급여명세서.

노동자에게 지급되지 않고 있는 점을 감안하면 협력사가 과도하게 이윤을 가져간다고 판단할 수 있다. 또한 고 김용균 노동자의 임금이 왜 책정된 인건비의 절반 수준밖에 되지 않는지를 확인할 수 있다. (…) 결과적으로 현재의 도급비 구조는 하청 노동자에게는 저임금을, 협력사(용역업체)에게는 과도한 이윤을 안겨주는 의미가 강하다. (…) 중간착취에 대한 어떠한 관리감독과 제재도 이뤄지지 않는 외주화 구조에 대한 근본적인 개선이 필요하다."[1]

사실 용역업체는 도급계약서(산출 내역서)에 '노동자 임금을 착취하겠다'는 계획을 이미 드러내고 있었다. 조사에 따르면 용역업체 중 '일반관리비'와 '이윤'을 0원으로 적어 낸 곳이 상당수였다. 최저입찰제에 따라 도급비가 가장 적은 업체가 낙찰받게 되니 일반관리비와 이윤을 아예 없애버린 것이다. 그러나 용역업체가 자원봉사를 하는 것도 아니고 이윤 한 푼 없이 자신들이 관리비를 대며 업무를 수행할 리는 없다. '이윤 0원'은 '노무비를 가로채 이윤을 내겠다'는 말이나 다름없다. 이는 원청 역시 용역업체들이 어떻게 이윤을 내는지 알고 있다는 뜻이기도 하다. 그러니 보고서가 지적한 '중간착취에 대한 관리감독과 제재'는 애초에 불가능했던 것이다.

특조위는 조사 중 놀라운 임금 착복 수법을 새로 발견하기도 했다. 발전소 시설을 정비하는 '경상정비' 분야의 용역업체들은 이 업무를 하는 노동자들을 '계획예방정비'라는 다른 업무에도 투입하고선 인건비를 업무별로 이중으로 받았다. 하지만 노동자에겐 경상정비 업무에 대한 인건비만 지급하고 계획예방정비로 받은 것은 주지 않았다. 조사 결과 경상정비 용역업체들이 원청에서 받은 인건비 중 실제 노동자에게 준 돈은 3~25퍼센트에 불과한 것으로 추정됐다. 많게는 97퍼센트를 중간에서 가로챘다는 뜻이다.[2]

용역업체들이 벌인 중간착취가 이토록 낱낱이 드러난 것은 사실 기적에 가까운 일이었다. 안타까운 산업재해 사망 사고가 있었고, 많은 사람이 내 일처럼 분노했기에 특조위가 구성될 수 있었다. 국무총리실 산하에 설치된 특조위 소속 16명의 분야별 전문가는 4개월 넘게 조사를 벌여 이런 사실들을 밝혀냈다. 용균씨의 죽음이 숱한 산재 사망 사고 중 하나로 묻혔거나, 분노만 하고 끝났다면 결코 드러나지 않았을 것들이다.

비슷한 일은 용균씨의 사망 2년 전에도 있었다. 2016년 서울 지하철 2호선에서 스크린도어를 수리하다 사망한 '구의역 김군'(사망 당시 19세) 역시 사망 후에야 중간착취를 당한 사실이 밝혀졌다. 그도 서울메트로와 계약을 맺은 용역업체 직원이었다. 원청인 서울메트로는 용역업체에 김군의 인건비로 매월 240만 원씩 지급했지만 김군이 받은 월급은 144만6000원이었다. 고등학교를 졸업하고 들어간 첫 직장이 노동자의 월급을 100만 원씩 가로채는 곳이었던 것이다. 주인을 잃은 그의 가방에서 컵라면이 나온 사실은 이와 무관하지 않을 것이다.

우리는 용균씨의 동료를 수소문했다. 많은 이가 분노한 곳이었년 만큼 그 일터만은 조금 달라졌을 거란 기대가 있었다.

발전비정규직연대회의 이태성 간사는 용균씨가 소속된 용역업체에서 그처럼 연료·환경설비 운전 업무를 하는 20대 노동자의 급여명세서를 보내줬다. 2020년 8월 그가 받은 월급은 210만7779원. 용균씨의 마지막 월급 211만7427원보다 1만 원 적었다.

어째서 특조위 조사 후에도 달라진 게 없을까. 발전소의 경상정비 분야는 특조위의 권고로 원청이 직접노무비를 전용 계좌로 지급하는 '적정 노무비 지급 시범 사업'을 벌이며 중간착취를 막게 됐다. 하지만 정작 용균씨가 일했던 연료·환경설비 운전 분야는 공공기관을 만든 후 정규직화할 계획이라 이 시범 사업에서는 제외됐다. 이태성 간사는 되물었다. "언제 정규직으로 전환해줄지 기약도 없어요. 그리고 정규직 전환 전까지는 계속 월급을 떼어먹혀도 된다는 말입니까?"

3 _____ 불법이 아니라고요?

한 달간 노동자 30여 명을 인터뷰하고 관련 자료들을 조사하면서도 내내 오해한 것이 하나 있었다. 도급계약서에 적힌 인건비를 노동자에게 다 주지 않는 것은 명백한 불법이거나, 적어도 어떤 식으로든 법망을 피해 벌이는 일이라고 생각했다. 왜냐하면 근로기준법에는 이런 조항이 있기 때문이다.

근로기준법 제9조 (중간착취의 배제) 누구든지 법률에 따르지 아니하고는 영리로 다른 사람의 취업에 개입하거나 중간인으로서 이익을 취득하지 못한다.

용역업체들은 영리상의 목적으로 다른 사람의 취업에 개입하고 있었고, 중간에서 막대한 많은 이윤을 내고 있었으므로 이 조항을 어기는 것이라고 생각했다. 그런 까닭에 노동 전문가들을 인터뷰할 때 나는 이렇게 물었다. "도급계약서에 적힌 노무비를 노동자에게 다 주지 않는 건 위법한 거죠?"

처음 인터뷰한 전문가는 권영국 변호사였다. 10년 전 노동 기사를 처음 쓰게 됐을 때 민주사회를위한변호사모임 노동위원장이었던 그에게 나는 수시로 전화를 걸어 노동 현안에 대한 법률적 자문과 그의 의견을 구하곤 했다. 내 담당 분야가 바뀐 후로는 오랫동안 연락하지 않았지만 냉철한 법률가와 열혈 노동 운동가가 한 몸에 기거하는 그에 대한 깊은 신뢰는 변함없었다.

그런데 권 변호사가 뜻밖의 대답을 했다. "법적으로는 근로계약을 어떻게 체결했는지에 따라 임금이 결정돼요. 용역업체가 최저임금만 위반하지 않았으면 법적으로 개입할 여지는 없어요." 도급계약서에 책정된 인건비가 얼마든 간에 용역업체는 근로계약서에 적힌 돈만 주면 법적으로 아무 문제가 없다는 것이었다. 얼마를 떼어먹든 최저임금만 지키면 그 모든 중간착취가 합법적이라는 얘기였다.

쉽게 말해 용역업체는 원청에겐 도급계약서대로 업무를 잘 수행하면 되는 것이고, 노동자에겐 근로계약서대로 임금만 지급하면 되는 것이다. 원청과 맺은 도급계약과 노동자와 맺은 근로계약은 완전히 별개의 계약이기 때문에 법적으로는 서로 아무 영향도 주지 않는다는 것. 용역업체는 두 계약 사이의 빈틈을 노렸고, 결국 중간착취는 합법적인 지위를 얻고 있었다.

그래도, 꼭 법이 아니라도 착취를 막을 최소한의 안전장치라도 있지 않을까. "그런 안전장치도 지금은 없어요. 도급계약서에 '용역업체가 노무비를 전용해서는 안 된다'는 조건을 걸 수는 있어요. 그런데 그렇게 하는 곳은 없죠."

한 시간 넘게 자세한 설명을 듣고도 중간착취를 막는 법이나 제도가 전혀 없다는 사실이 잘 받아들여지지 않았다. 나는 다른 전문가들에게도 물어보기로 했다. 권 변호사의 말을 믿지 못해서가 아니었다. 그는 구의역 김군 사고를 조사한 '구의역 사고 시민대책위원회 진상조사단' 단장이었고, 용균씨의 사고를 조사한 특조위의 간사였다. 용역업체의 중간착취 문제를 가장 잘 아는 전문가 중 한 명이다. 믿음이 아닌 납득의 문제였다.

두 번째로 인터뷰한 황선웅 부경대 경제학부 교수는 더 단호했다. "고용주(용역업체)랑 노동자 관계에서 법적인 문제는 '최저임금을 지켰나' 그것밖에 없어요. 용역업체가 산출 내역서에서 노동자 1인당 250만 원을 준다고 해놓고 실제로는 180만 원만 준다고 해도 법적인 문제가 전혀 없습니다."

한 달간 취재한 용역업체의 '나쁜 짓'이 처벌 대상은 아니라는 사실을 받아들여야만 했다. 혼잣말도, 그렇다고 질문도 아닌 말들이 횡설수설 튀어나왔다. "그런데요, 교수님…… 하…… 그래도 이게 노동자들한테는 너무 억울하잖아요."

마지막으로 인터뷰한 정흥준 서울과학기술대 경영학과 교수의 대답도 같았다. "불법은 아니에요."

하지만 중간착취가 명백한데도 불법이 아니라는 사실은 용역업체에 너무 쉽게 면죄부를 주고 있었다. 용균씨가 일했던 용역업체는 도덕적 지탄을 받았을지언정 법적 처벌은 받지 않았고, 지금까지도 그 행태를 되풀이하고 있다. 더구나 구의역 김군이 일했던 용역업체는 자신들이 한 행위에 대한 최소한의 부끄러움조차 없었다. 김군 사망 몇 달 후 KBS 취재진이 이 용역업체를 찾아가 '왜 김군에게 월급을 100만 원 이상 덜 줬냐'고 묻자 업체 관계자는 이렇게 답했다.

"메트로(원청)한테 요걸 한번 물어보세요. 그러면 노무비를 그렇게 책정해서 240만 원씩 줄 때 그 노무비를 근로자한테 다 주라고 강제로 권고를 했느냐, 한번 물어보세요. 안 했으면 우리 회사 재량으로 하는 거죠. 그러면 그 경영자가 '야, 이거 뭐 노무비를 한 50퍼센트 정도만 주고, 50퍼센트는 다른 계획을 위해서 좀 쓰자' 해도 아무 상관없어요. 그건 규정에 없기 때문에…… 그게(공공기관 용역근로자 보호지침) 만약에 꼭 지켜야 될 법이라면, 아예 우리도 이런 생각을 안 했겠죠."[3]

원청이 노무비 100퍼센트 지급을 강제하지 않아서, 관련 법이 없어서라며 끝까지 책임을 미뤘다.

원청은 용역업체가 중간에서 절반 가까이 착복한다는 사실을 알면서도 왜 이렇게 많은 돈을 인건비로 준 걸까. 용균씨 원청은 다달이 522만 원, 김군 원청은 240만 원을 지급했다. 그건 노동자의 임금이 법으로 정해져 있기 때문이다.

용균씨가 담당한 연료·환경설비 운전 업무의 직접노무비는 '엔지니어링산업진흥법'에 따라 책정된 금액이다. 이 법을 근거로 설립된 한국엔지니어링협회는 매년 한 차례씩 통계청의 의뢰를 받아 엔지니어링 업체의 임금 실태 조사를 벌이고, 이를 토대로 기술 등급별 기술자들의 노임단가를 공표한다. 용균씨의 인건비는 이 노임단가를 기준으로 책정됐다.

김군이 받았어야 할 월급 240만 원의 근거는 정부의 '용역근로자 근로조건 보호지침'이다. 공공 부문에 적용되는 이 지침은 '시중노임단가'를 기준으로 용역업체 노동자들에게 임금을 지급하도록 하고 있다. 시중노임단가는 중소기업중앙회가 매년 두 차례 발표하는 제조업 부문 노동자들의 평균 임금이다. 2021년 청소 경비 등 단순노무 종사원의 시중노임단가는 시급 1만13원으로, 최저임금(8720원)보다 1300원 가까이 높다. 즉 시중노임단가를 기준으로 임금을 받는 노동자들은 최저임금보다 훨씬 더 많은 급여를 받을 수 있다.

원청은 법과 정부의 지침에 따라 두 사람의 임금을 용역업체에 줬다. 하지만 그 후로는 법이 부재했다. 법과 지침은 '이 일을 하는 노동자가 받아야 할 합당한 대가는 이 정도'라고 정해놓고서는 '반드시 노동자에게 100퍼센트 줘야 한다'고는 하지 않았다. 용역업체의 배를 불리려고 임금 기준을 정해놓은 게 아닌데, 결과적으로는 그렇게 돼버렸다. 그리고 용역업체는 이 간편한 착취를 '재량'이라고 포장했다.

"혹시 원청에서 준 인건비가 얼마인지 아세요?"라는 내 질문에 서른 명이 넘는 노동자는 늘 똑같은 대답을 했다. "용역업체에 물어보면 '영업 기밀'이라면서 안 알려줘요." 그들이 감추는 이유 역시 '우리 재량이니 알 필요 없다'는 김군이 속한 용역업체의 답변과 다를 바가 없다.

사실 이들이 말하는 영업 기밀은 뻔하다. 원청에서 얼마를 받든 최저임금만 주며 최대한 이윤을 많이 남기는 것. 간접고용 노동자 관련 기사에 으레 용역업체를 '노동자의 피를 빨아먹는 거머리'라고 비유하는 댓글이 달리는 것은 아마도 우연이 아닐 것이다.

4 _____ 최저임금 인상의 기쁨과 슬픔

그는 목소리가 심하게 쉬어 있었다. 몇 마디를 한 뒤에는 크게 숨을 들이쉬어야 다음 말을 겨우 뱉을 수 있었다. 후두염에 걸린 지 5주째. 하지만 2020년 12월의 칼바람을 맞으며 대구에 있는 한국장학재단 앞에서 노숙농성을 하고 있었다. 그는 어떤 직업보다 목을 아껴야 하는, 정부의 장학제도를 안내하는 콜센터 상담사 염희정씨다.

2년 반 전 여름에는 이토록 춥고 허탈한 겨울을 맞을 줄 몰랐다. 2017년 7월, 희정씨를 비롯한 간접고용 노동자들이 가장 설레었던 때다. 이듬해에 적용될 시간당 최저임금을 미리 결정하는 정부 산하 최저임금위원회는 2018년 최저임금을 7530원으로 확정했다. 2017년(6470원)보다 무려 1060원(16.4퍼센트)이나 오른, 역대 최고의 인상액이었다. 이전 10년 동안 적으면 110원, 가장 많았던 때에도 450원으로 찔끔찔끔 올랐던 최저임금이었다.

좋은 징후가 많았다. 두 달 전 취임한 문재인 대통령이 처음 방문한 곳은 다름 아닌 인천국제공항이었다. 용역·파견 노동자가 전체 인력의 84퍼센트(약 7000명)에 달하는 국내 최대 '간접고용 지옥'에서 그는 '공공부문 비정규직 제로 시대'를 약속했다. 새 대통령의 '2020년 최저임금 1만 원' 공약도 '역대 최고 인상액'을 시작으로 차근차근 실행되는 듯했다.

공공기관인 장학재단이 콜센터 업무를 맡긴 민간 위탁업체(도급업체)에서 일하는 희정씨도 들뜰 수밖에 없었다. 최저임금은 '편의점 알바'나 '학생 알바'만 받는 줄 아는 사람이 많은데 용역업체에서 일하는 대부분의 노동자가 사실 최저임금을 받는다. 매년 최저임금으로 기본급이 정해지고 여기에 식대나 수당이 조금 얹히는 게 전부다. 2017년 희정씨의 월급은 171만 원이었다. 다음 해엔 최저임금 인상분만큼 월급이 오를 거라고 기대했다.

그런데 월급명세서가 조금 이상했다. 2017년에는 식대(10만 원)와 시간외 수당(1만 1000원)으로 총 11만 1000원이 지급됐다. 2018년 들어 두 항목은 갑자기 합쳐지면서 10만 4000원으로 줄었다. '그까짓 7000원'으로 넘길 일이 아니었다.

"도급업체에서 일하는 상담사가 300명이에요. 1인당 월급을 7000원씩 줄여서 업체가 1년 동안 2500만 원의 수익을 올린 거죠. 그게 다가 아니었어요. 1년 이상 근무자는 3만 원, 3년 이상 근무자는 6만 원이었던 근속수당도 각각 2만 원, 4만 원으로 줄였어요. 이걸로 업체는 또 수익을 챙겼고요."

최저임금 인상으로 기본급이 오르자 그 외의 급여 항목을 줄이는 일은 매년 반복됐다. 2019년 최저임금은 전년보다 820원(10.9퍼센트) 오른 8350원이었다. 상승 폭이 줄긴 했지만 2년 연속 두 자릿수 인상율을 기록했다. 그에 따라 월급도 올라야 했지만 희정씨의 월급은 2018년에서 2021년까지 변화가 없다. 최저임금이 오른만큼 직책수당과 인센티브 등 기본급 외의 항목을 떼었다 붙였다하면서 계속 낮추는 방식으로 월급 총액을 묶었다.

2019년 08월 급여명세서			X

□ 세부 내역 □			
급 여			
지급 내역		공제 내역	
기본급	1,890,000	건강보험	66,230
연차수당	0	고용보험	12,280
		국민연금	85,050
		소득세	16,870
		지방소득세	1,680
지급총액	1,890,000	공제총액	182,110
실지급액			1,707,890
귀하의 노고에 감사드립니다.			

한국장학재단 콜센터에서 일하는 한 상담원의 급여명세서. 이들은 2020년 연말까지 계속 실지급액으로 170만 원을 받았다.

상담팀장인 그는 그나마 195만 원 정도를 받지만 일반 상담사들은 3년째 170만 원 선에서 월급이 멈춰 있다. 4대 보험 인상분과 물가상승률을 감안하면 실제로는 임금이 감소하고 있는 것이다. 박탈감도 심했다.

"공공 부문 콜센터 중 직접고용한 곳, 자회사, 민간 위탁 등 고용 형태별로 조사해보니 상담사의 평균 월급이 230만 원(세전) 정도였어요. 한국장학재단의 평균 임금보다 40만 원가량 많았죠. 우리 같은 민간 위탁 형식의 간접고용 상담사들만 따로 비교해도 우리보다 20만~30만 원 정도 많았고요."

업체의 착취와 이에 따른 저임금을 참다못한 상담사들은 난생처음 노조를 만들고 2020년 도급업체에 임금 인상을 요구했다. 하지만 업체는 "장학재단이 도급비를 인상해주지 않아 우리도 임금을 못 올려준다"는 말만 반복했다. 결국 희정씨는 2020년 9월 처음으로 일일 총파업도 했다.

그런데 이 파업으로 예상치 못한 사실을 알게 됐다. 상담사들이 파업을 벌이자 원청인 장학재단은 기자들에게 '설명 자료'를 배포했다. 장학재단은 이 자료에서 "상담센터 근로자들의 처우 개선을 위해 수탁사(도급업체)와의 용역 조건을 개선하였고, 이에 따라 수탁사들은 2020년 1월부터 상담사들의 임금을 평균 2.9퍼센트 인상 완료했다"고 밝혔다.[4]

모두 처음 듣는 이야기였다. 재단의 설명대로라면 이미 9개월

한국장학재단이 민간 위탁한 도급업체 소속 상담사 염희정씨가 2021년 6월 상담 업무를 하고 있는 모습.

전부터 인상된 월급을 받았어야 했다. 그러나 임금은 그대로였다. 업체가 2.9퍼센트 인상된 도급비를 받고도 "원청이 도급비를 동결했다"고 거짓말한 뒤 임금을 동결했던 것이다. 이를 업체에 따지니 그제야 인상된 도급비를 받았다고 인정했지만 "지금 최저임금보다 많이 주고 있어 더 올릴 수는 없다"며 버텼다.

임금 인상분이 노동자에게 하나도 지급되지 않았다는 사실을 알고도 재단은 별다른 조치를 취하지 않았다. 재단 관계자는 언론에 "기업(도급업체)의 자율경영책임 문제인데, 기업에서는 통째로 받아서 경영 환경에 맞게 쓰는 거라 원청이 업무 지시를 내리거나 너무 개입하면 법률 위반으로 이어질 수 있고, 이런 문제들이 얽히고설켜 있어 (관리·감독하는 게) 어렵다"고 말할 뿐이었다.[5] 즉 노동자들에게 월급을 얼마 주는지는 용역업체의 '재량'이라는 논리를 원청 역시 반복하고 있었다.

수당을 주었다 빼앗든, 거짓말하며 인상된 도급비를 빼돌리든 최저임금만 주면 그만이라는 도급업체, 인상분이 노동자에게 지급됐든 말든 돈을 더 줬으니 그만이라는 원청. 결국 희정씨는 거리로 나섰다. 희정씨는 내게 그동안의 월급명세서를 보내주며 메일 맨 아래에 이렇게 적었다.

"이 추운 겨울, 콜센터 상담사들이 노숙농성까지 하는 것은 단순히 돈 때문만이 아닙니다. 그동안 지키지 못하며 빼앗기고 억눌린 권리를 되찾기 위해서입니다."

최저임금에 기대를 품었던 상담사는 또 있다. 건강보험공단(건보공단)이 콜센터 업무를 민간 위탁한 도급업체에서 일하는 손영희씨다. 하지만 그가 속한 도급업체 역시 2018년 최저임금이 대폭 오르자 식대 10만 원을 없애고 근속수당 8만 원을 4만 원으로 줄였다. 이렇게 기본급 외의 항목이 줄줄이 사라지자 2018년 그의 월급은 겨우 3만 원 올랐다. 그해 최저임금 인상액(1060원)을 하루 8시간, 한 달 20일 근무 기준으로 계산하면 월급은 16만9600원 올라야 했다. 하지만 업체는 이 상승분만큼 다른 항목을 삭제했다.

"6년 전 입사했을 때부터 항상 최저임금에 간당간당한 월급을 받았어요. 수습 때는 몇 달간 130만 원 정도를 받았고, 그 후에는 160만 원, 170만 원 정도였어요. 최저임금이 오르니까 수당을 없애서 아직도 200만 원이 안 돼요. 처음에는 업무가 어려워서 버티기가 너무 힘들었지만 해가 바뀌면서 더 전문적으로 상담하면 대우도 나아질 거라 기대했는데 그런 게 전혀 없어요."

'수당 줬다 빼앗기'는 콜센터 상담사들만 겪은 게 아니었다. 최저임금을 기준으로 기본급이 정해지는 용역·파견 노동자 대부분이 경험했다. 최저임금이 오를 때마다 식대, 교통비, 각종 수당을 하나씩 없앴고, 노동자들에게는 통보만 했다.

최저임금 인상에 가슴이 부풀었던 간접고용 노동자 가운데 그 희망이 월급명세서에 실현된 사람은 거의 없었다. 중간착취만이 업체의 이윤을 보장해주는 간접고용 세계에서 최저임금은 늘 희망고문일 뿐이었다.

5 _____ 휴식 시간에 하는 '봉사'

"지금 내 휴게 시간은 10시간 30분이에요. 시간으로 임금을 다 빼요. 그 시간에 쉬지도 못하고요."

60대 후반의 아파트 경비원 신태수씨는 용역업체의 문제를 꼼꼼히 지적했다. 그는 24시간 근무하고 다음 24시간을 쉬는 격일 교대로 일한다. 그런데 24시간 근무 중 절반 가까운 10시간 30분이 '휴게 시간'이다. 언뜻 보면 쉬는 시간이 많으니 좋을 것 같다. 하지만 휴게 시간은 무급이다.

예를 들어 하루 8시간 일하는 직장인들은 점심시간 1시간이 무급인 휴게 시간이다. 그런데 회사가 점심시간, 즉 휴게 시간을 2시간으로 늘려 근로 시간을 7시간으로 줄인 후 월급을 깎는다면 어떨까? 이걸 그대로 받아들일 직장인은 많지 않을 것이다.

최저임금이 오를 때 줬다 빼앗을 수당조차 없는 경비원들에게서 용역업체는 이런 방식으로 '근로 시간'을 앗아갔다. 휴게 시간을 늘려 근로 시간이 줄어들면 그만큼 월급을 줄일 수 있기 때문이다.

휴게 시간이 아무리 늘어나도 일의 양은 그대로다. 결국 무급으로 노동력을 사용하는 용역업체의 또 다른 중간착취였다. 그런데 이 착취를 받아들이는 태수씨의 태도는 여느 경비원들과는 조금 달랐다.

"근데 그런 거 다 따지면 나이 먹은 사람들 써주는 곳이 없어요. 그냥 봉사해주고 월급 받는 게 나아요. 요즘 코로나19 때문에 장사 안 돼서 피눈물 흘리며 노는 사람이 얼마나 많나요? 한 달에 100만 원도 못 받는 사람도 많고. 그 사람들보다 경비원이 나아요. 그 사람들 밀려올까봐 요즘은 숨도 쉬지 않고 가만있어야 돼요. 불평불만을 말하면 나이 먹은 사람이 나가야 됩니다."

경비원 경력이 10년 넘은 그는 지금 다른 경비원들 관리 업무도 하는 경비반장이다. 돌아가는 생태를 훤히 꿰뚫고 문제를 조목조목 지적하면서도 이를 해석하는 방식에는 어쩐지 용역업체 관리자의 시선이 스며 있었다.

오히려 그는 내가 인터뷰한 8명의 경비원 중 객관적인 조건만으로는 꽤 억울한 편에 속했다. 경비원들의 휴게 시간은 8시간 30분에서 10시간 30분 사이였는데 그의 것은 가장 긴 10시간 30분이었다. 더구나 그는 아파트에 직접고용된 경비원이었다가 정년 때문에 60세에 퇴사했다.

"직접고용됐을 때는 180만 원 받았어요. 2011년이었는데 월급을 많이 받았죠. 그런 데는 중간에서 떼어가는 게 없으니까 월급이 훨씬 많아요." 지금은 용역업체 소속인 그가 '좋았던 시절'을 떠올리면 화가 날 법도 하건만 그는 고마움을 얘기했다. "직장 다녀서 고맙지요, 이 나이에. 나이 든 사람들은 직장이 있는 걸 좋아해요. 운동 가는 것도 한두 번이지 집에만 있으면 우울증 걸리니까요."

다른 경비원들은 화를 내기라도 했다. 특히 계속 늘어나는 휴게 시간에 대한 성토가 줄을 이었다. 근로기준법에 휴게 시간은 '근로자가 자유롭게 이용할 수 있다'(제54조 2항)고 정의돼 있다. 직장인들이 점심시간 1시간 동안 회사 밖으로 나가 밥을 먹거나 은행, 병원에 가서 개인의 볼일을 보는 것도 휴게 시간이기 때문이다. 근로 시간에 포함되지도 않고 임금도 지급되지 않는, 말 그대로 '자유시간'이다. 하지만 경비원들은 24시간 동안 아파트를 떠날 수가 없다. 경비원 4명이 전한 자신들의 휴게 시간이다.

"말로는 '외부에 나가도 된다'고 하더니 진짜 바깥에 나가니까 왜 나가느냐고 관리실에서 묻더라고요. 나가지 말란 소리죠."

"분리수거 하는 날은 휴게 시간에 하나도 못 쉬어요. 쉬고 나가면 쓰레기가 산더미처럼 쌓여 있으니까요."

"업체에서 쉬지 말라고는 안 하는데 '일을 철저히 하라'고 해요.

근데 내가 휴게 시간에 쉬는 동안 누가 일 대신 해줍니까."

"밤에 자다가도 비 많이 오면 하수구 점검하러 가야 하고 눈 오면 눈 쓸러 나오라고 해요. 화재 경보 뜨면 또 나가야 되고요. 밥 먹다가도 짐 들어오거나 청소차 들어오면 나가니 휴식이 휴식이 아니지요. 말만 자유 시간이지 대기조로 있는 거예요."

경비원들이 설명하는 휴게 시간은 언제든 일할 수 있도록 대기하는 근로기준법상 '대기 시간'에 가깝다. 대기 시간은 근로 시간에 포함된다. 휴게 시간과 대기 시간을 구분하는 가장 중요한 기준은 노동자가 그 시간을 '자유롭게' 사용하느냐의 여부다. '눈 쓸러 나오라'는 직접 지시부터 '철저히 하라'는 압박까지, 쉬다가 담당 구역에서 탈이라도 나면 당신이 모든 것을 책임져야 한다는 이 보이지 않는 덫 안에서 자유란 불가능하다.

더구나 이렇게 사람을 아파트 안에 묶어두면서 쉴 공간조차 마련해주지 않는 곳도 많다. 간이침대 등이 갖춰진 곳도 있지만 초소 바닥에 상자를 깔고 눕거나 의자를 뒤로 젖혀서 쪽잠을 자는 경비원도 적지 않았다. 자유롭게 무언가를 하지도 못하고 편안하게 쉴 공간도 없이 보내는 10시간 30분은 차라리 벌서는 시간에 가까웠다.

그럼에도 불구하고 태수씨가 '일자리의 고마움'을 되새기며 이 시간을 견디는 것은 너무 오랜 기간 좌절했기 때문일까. 사실 경비원만큼 최저임금에 한 맺힌 직종도 없을 것이다.

우리나라에 최저임금이 처음 시행된 시기는 1988년이다. 하지만 경비원에게 최저임금법이 적용된 것은 18년이 지난 2006년이다. 이마저도 최저임금의 70퍼센트까지만 지급했다. 경비원을 비롯한 수도·가스 검침원, 건물의 전기·냉난방 기술자 등은 노동 강도가 낮고 대기 시간이 많다는 이유로 최저임금 보호망 바깥에 두었던 것이다.

70퍼센트였던 적용율을 단계적으로 높여 2012년에는 100퍼센트 적용하기로 했지만 이마저 정부가 "최저임금을 100퍼센트 적용할 시 경비원 대량 해고 사태가 올 것"이라는, 경비원을 위한 것인지 용역업체를 위한 것인지 알 수 없는 논리를 대며 법 적용 시기를 늦췄다. 결국 최저임금법 시행 26년이 지난 2014년에야 최저임금이 100퍼센트 적용됐다.

그런데 그때부터 무급인 휴게 시간이 늘어나기 시작했다. 또 3개월, 6개월짜리 초단기 계약이 성행했다. 12개월 이상 근무하면 지급해야 하는 퇴직금을 아낄 수 있었고, 재계약이라는 패를 만지작거리며 노동자를 쉽게 길들일 수 있었다. 그리고 이 변화들은 아파트 직접고용에서 용역업체를 통한 간접고용으로 변화하는 시기와 맞물려 있었다. 업체들은 최저임금 적용률 확대에 반대했고, 휴게 시간 늘리기에 몰두했다.

불과 4년 전만 해도 서울 지역 아파트 경비원의 평균 휴게 시간은 6.6시간이었다.[6] 그런데 그사이 최소 2시간, 많게는 4시간이나 늘었다. 정부는 휴게 시간이 근로 시간의 절반에 육박한 2021년 2월에야 '휴게 시간이 근로 시간보다 많아질 수 없도록 상한을 설정한다'고 발표했다. 휴게 시간이 12시간까지는 늘어나도 된다는 말일까. 이 지난한 시간과 오랜 방치는 어쩌면 태수씨가 노동자의 언어를 잊게 만들기에 충분했다.

고령 경비원들의 노동력 착취로 용역업체가 남기는 수익이 얼마나 되는지는 가늠하기 어렵다. 다만 대략적인 추정은 가능하다. 30명의 경비원이 일하는 서울의 한 아파트가 용역업체에 지급하는 도급비는 매달 1억 원 정도다. 경비원 급여와 4대 보험료 회사부담분 등을 감안해 1인당 250만 원이 든다고 하면 매달 약 7500만 원을 사용한다고 볼 수 있다. 이 아파트에서 일하는 경비원은 조심스레 말했다. "일부러 보려고 한 건 아니고 아파트 게시판에 경비 용역업체 계약 공고문 붙이다가 보게 됐어요. 용역업체가 설비나 투자를 하는 것도 아니고 리스크가 있는 것도 아니잖아요. 돈 받아서 남은 거 다 갖는 건데. 어림잡아도 매달 가만히 앉아서 2500만 원을 버는 거 아니에요."

태수씨도 업체 이윤이 얼마나 되는지 궁금한 적이 있었다. "잘 아는 용역업체 직원한테 얼마나 남기는지 물어본 적이 있어요. 우리한테 시급 줘야 하고, 자기네도 남겨야 하는 데다 입찰 받으려면 가격 낮춰야 해서 이윤이 많지는 않다고 하더라고요. 그런데 경비원 1000명, 1500명씩 고용한 용역업체도 많으니까요. 굉장해요."

경비원들을 착취하는 곳은 한 군데 더 있다. 경비 업무를 외주화하면서 용역업체 면접이라도 보려면 지원자들은 직업소개소를 통해야 한다. 태수씨도 지금의 일자리를 그렇게 구했다. "부동산인데 경비업체랑 어선 이런 데 소개해주는 곳이 있어요. 면접 붙으면 월급의 10퍼센트를 줘요. 200만 원 받으면 20만 원 주는 거죠. 한 번만 주면 계속 일해요. 기분 좋으면 더 주기도 하고, 더불어서 먹고사는 거죠. 그런 업체가 있어서 없는 사람들이 일자리 구해서 먹고살고 그래요."

직업소개소가 노동자에게 받을 수 있는 법률상 수수료는 월급의 1퍼센트다. 그러나 그 10배인 10퍼센트를 떼는 것이 워낙 '일반적'이라 대부분의 노동자가 착취에 이미 익숙해진 상황이다. 태수씨와 달리 화를 내는 경비원도 있었다. 자신의 동료들이 이런 소개소를 통해 경비원에 취직했다고 말한 한 경비원은 "없는 사람끼리 취업 도와줬다고 또 10퍼센트씩 따먹는 사람들이 있다. 이건 불법이다"라며 목소리를 높였다.

여전히 관대한 태수씨였다. 착취가 '봉사' '더불어 먹고사는 것'으로 자연스럽게 탈바꿈하는 그의 애기를 듣다보면 나 역시 경계가 흐려지기도 했다.

그를 조금은 더 이해할 수 있겠다는 생각이 든 것은 30명이 넘는 노동자를 인터뷰하고 그들과의 대화를 곱씹으면서다. 여성, 사회 초년생, 저학력자, 중고령자 등 주로 노동 약자들이 모인 간접고용 세계에서도 유독 불안에 떠는 직군은 아파트 경비원이었다.

자신의 불안을 가감 없이 드러낸 경비원이 있었다. "정부에서 최저임금 올리면 잘릴까봐 불안해요. 아파트에 직접고용됐으면 얼굴 이름 다 드러내고 인터뷰할 텐데…… 용역업체가 늘 칼날처럼 버티고 있기 때문에 무서워요."

인터뷰 다음 날 그에게서 다시 전화가 왔다. "기자님이랑 인터뷰했다고 다른 경비들한테 얼마나 혼났는지 몰라요. 내가 월급 액수를 말해서, 기사에 가명 써도 용역업체가 혹시 나인 줄 알까봐요. 그리고 동료들이 아무리 추측이라도 중간착취 액수를 적게 얘기하래요. 내가 1인당 20만~30만 원 정도 떼인다고 말했었는데, 두당 10만~20만 원씩 떼이는 걸로 바꿔주세요."

그들을 둘러싼 불안은 너무 많았다. 나이가 들어 언제 잘릴지 모른다는 근본적인 불안부터 언제 당할지 모르는 주민들의 갑질, 다달이 당하는 용역업체의 착취, 그리고 정부가 최저임금을 올리는 것까지. 불안을 대하는 많은 방식 중 태수씨는 체념으로 불안을 지워왔던 게 아닐까.

6 _____ 월급을 여쭤봐도 될까요

"이 일 하신 지는 얼마나 됐어요?"

이런 질문은 쉽다. 그래서 노동자와 마주 앉거나 통화를 하면 제일 먼저 물었다. 그다음부터는 노동자의 답변에 따라, 그가 처한 상황과 주로 얘기하고 싶어하는 것에 맞춰 질문하면 됐다.

"혹시 월급은 얼마인지 여쭤봐도 될까요?"

이 질문은 너무 어려웠다. 입이 안 떨어져서 늘 맨 마지막으로 미뤘다. 묻는 것도, 대답을 듣는 것도 곤혹스러웠다. 노동자의 피, 땀, 눈물, 그 대가가 얼마인지는 내밀한 사생활이다. 궁금하지만 물어서는 안 되는 게 남의 월급이다. 중간착취의 실태를 밝히려면 어쩔 수 없다지만 인터뷰에 응했다는 이유로 월급까지 공개하라는 것은 괜찮은 걸까. 선한 의도로 응했는데 그 과정에서의 불쾌함까지 받아들이도록 할 수는 없지 않나 하는 고민이 꼬리를 물었다.

복잡한 마음으로 질문을 던진 후 대답을 들으면 다시 마음이 바빠졌다. 어떤 말로 이 무거운 공기를 희석시켜야 할까. 역시 복잡한 마음으로 대답했을 그 금액이, 모든 노동자가 그렇듯 자기 삶의 일부인 그 돈이 기사를 장식하는 숫자로만 소비될까봐 인터뷰 말미에는 자주 마음을 졸였다.

대답은 다 달랐다. 180만 원 '정도'라며 얼버무리는 노동자도, 천 원 단위까지 정확히 말해주는 노동자도 있었다. 월급을 밝히는 데 큰 거부감이 없는 노동자들에게는 월급명세서를 보여줄 수 있냐고 부탁하기도 했다. 팩트 확인이 가장 큰 목적이었고 월급 세부 항목도 살펴볼 요량이었다.

그런데 은행 경비원 강지선씨가 보내준 10년 치 월급명세서를 보며 생각이 바뀌었다. 팩트 확인용으로만 갖고 있기에 그 문서에는 너무 많은 얘기가 담겨 있었다. 그 자체가 간접고용 세계의 작은 축소판이었다. 최저임금에서 1원도 추가되지 않은 기본급, 몇 년 전에는 숫자로 채워져 있던 각종 수당 칸이 해마다 '0'으로 변해가는, 시간이 거꾸로 흐르는 세계. 부정할 수 없는 착취의 증거가 생생히 살아 있었다.

전혀 다른 직업, 전국의 다른 일터에서 일하는 노동자들의 월급명세서가 모두 이랬다. 은행 경비원인 그를 비롯해 콜센터 상담원, 주차관리원, 철도 역무원, 청소 노동자, 파견직 사무보조원, 발

【급여지급명세서】   **2020 년 08 월 명세서**

▶ 회사 : 코레일네트웍스   ▶ 부서 : 신원

▶ 사번 :   ▶ 성명 : 이재흥   귀하

<table>
<tr><th rowspan="9">지급내역</th><td>기본급
1,715,080</td><td>성과급</td><td>실직급</td><td>식대
130,000</td><td>연차수당</td><td>가족수당</td></tr>
<tr><td>매표수당</td><td>선임수당</td><td>활동수당</td><td>시간외수당
50,380</td><td>휴일수당</td><td>야간수당</td></tr>
<tr><td>위로수당</td><td>업무수당</td><td>교육수당</td><td>교육비</td><td>상품판매</td><td>위험물관리</td></tr>
<tr><td>자동발매기</td><td>주휴수당</td><td>지역수당</td><td>식능수당</td><td>차량유지비</td><td>통신비</td></tr>
<tr><td>교통비</td><td>원천세</td><td>업적수당</td><td>서비스촉진수당</td><td>직무역할급</td><td>기타지급</td></tr>
<tr><td>기타지급(비과세)</td><td>급여수정</td><td>격려금</td><td>보전급여</td><td>인센티브</td><td>육아보육비(비과세)</td></tr>
<tr><td>육아보육비</td><td>직무수당
40,000</td><td>실적수당</td><td></td><td></td><td></td></tr>
</table>

<table>
<tr><th rowspan="7">공제내역</th><td>국민연금
94,630</td><td>건강보험
78,530</td><td>고용보험
14,680</td><td>정산소득세</td><td>정산주민세</td><td>노동조합비
31,870</td></tr>
<tr><td>상조회비</td><td>압류금</td><td>건강보험정산</td><td>소득세
15,730</td><td>주민세
1,570</td><td>기타공제</td></tr>
<tr><td>학자금상환</td><td>연말정산소득세</td><td>연말정산주민세</td><td>소급정산소득세</td><td>소급정산주민세</td><td>연말정산농특세</td></tr>
<tr><td>철도신협</td><td></td><td></td><td></td><td></td><td></td></tr>
<tr><td></td><td></td><td></td><td></td><td></td><td></td></tr>
<tr><td></td><td></td><td></td><td></td><td></td><td></td></tr>
</table>

<table>
<tr><th rowspan="3">근태내역</th><td></td><td></td><td></td><td></td><td></td><td></td></tr>
<tr><td></td><td></td><td></td><td></td><td></td><td></td></tr>
</table>

<table>
<tr><th>합계</th><td></td><td>지급총액
1,935,460</td><td>공제총액
237,010</td><td></td><td>차감지급액
1,698,450</td></tr>
</table>

14년 차 철도 역무원 이진흥씨의 2020년 8월 월급명세서. 총 169만 원을 받았지만, 휴무인 동료를 대신해 일한 '시간외 수당' 5만 원이 포함된 금액이다. 이 수당을 뺀 이씨의 순수 월급은 164만 원이다.

전소 노동자의 월급명세서에 거의 똑같은 흔적들이 있었다.

또 한 가지 공통점은 어느 회사, 어떤 디자인의 월급명세서든 오른쪽 맨 아래에 있는 '실지급액' 칸에 있는 숫자가 보는 사람을 한없이 초라하게 만든다는 것이었다. 그 칸을 가장 많이 보는 사람은 언제나 그 명세서의 주인일 것이다.

월급명세서가 또렷하게 증언하는 간접고용의 세계는 이랬다. 많은 노동자의 월급이 100만 원대에 갇혀 있었다. 원청에서 얼마를 받았든 최저임금만 주면 되는 법의 사각지대에서 용역업체가 늘 최소한만 지급한 탓이다. 2, 3년 전 최저임금이 대폭 오를 때 수당, 교통비, 식대만 없애지 않았더라도, 휴게 시간만 늘리지 않았더라도 200만 원은 넘겼을 월급이었다.

우리가 인터뷰한 간접고용 노동자 100명 중 종일 근무하며 월급제로 급여를 받는 노동자는 총 86명이었다. 그런데 이 가운데 절반가량인 43명의 월급이 100만 원대였다. 한 중견 기업에서 일하는 파견직 사무보조원은 162만 원을 받았고, 국립해양박물관의 청소 노동자는 163만 원, 같은 박물관 주차관리원은 180만 원을 받았다. 한 아파트 경비원은 169만 원, 한국장학재단의 콜센터 상담사는 170만 원을 받았으며, 이제 막 사회생활을 시작한 IT 개발자는 172만 원, 자동차 부품 제조 공장에 파견된 노동자는 180만 원을 받았다. 이 금액들은 11년 전 내가 수습기자 때 6개월 동안 받았던 월급과 비슷했다. 그리고 부끄럽게도 100만 원대 월급은 아르바이트생이나 사회 초년생들만 받는 월급인 줄 알고 있었다.

200만 원대 월급을 받는 노동자는 34명(40퍼센트)이었고, 300만 원대 월급을 받는 노동자는 9명(10퍼센트)뿐이었다. 이들의 월급이 상대적으로 많은 것은 처우가 좋아서가 아니었다. 더 오래, 더 열악한 여건에서 밤낮없이 몸을 혹사시킨 대가인 연장 수당, 야간 수당이 더해져서 월급이 늘어난 경우가 대부분이었다.

이들 월급의 또 다른 특징은 아무리 일해도 경력이 쌓이지 않

국립해양박물관 주차관리원 박선호씨의 월급명세서. 그는 181만 원을 받는다. 원래 식대 10만 원이 있었지만 2018년 최저임금이 오를 때 없어지고 야간 연장근로 휴게 시간도 30분 늘어나 월급은 제자리다.

는다는 점이다. 10년 차 은행 경비원의 월급은 191만 원으로 10년 동안 겨우 59만 원 올랐다. 14년 차 철도 역무원의 월급은 164만 원으로 14년간 64만 원 올랐다. 한국장학재단 콜센터 상담사들은 경력 10년 차든 1년 차 신입 상담원이든 모두 170만 원을 받았다. 아파트 경비원, 청소 노동자들도 마찬가지였다. 신입 직원과 30년 일한 숙련 직원의 월급이 똑같은 건 간접고용 세계에서는 흔한 풍경이다.

이는 대부분의 용역업체가 노동자와 1, 2년마다 근로계약을 새로 맺기 때문이다. 또 원청의 같은 일터에서 계속 똑같은 일을 해도 소속 용역업체가 바뀌면 노동자들은 모두 새로운 용역회사의 신입 사원이 된다. 이러니 월급에도 연차가 쌓일 수 없다.

사정이 이렇다보니 이들의 월급은 비정규직 노동자 중에서도 가장 낮았다. 정부는 비정규직을 크게 세 가지로 분류한다. 사용자와 근로계약 기간을 정하고 일하는, 우리가 흔히 계약직이라고 부르는 '기간제 노동자', 일주일에 36시간 미만으로 일하는 '시간제 노동자', 그리고 용역·파견 즉 간접고용 노동자와 특수형태근로 종사자, 일용직 노동자 등을 모두 포괄하는 '비전형 노동자'다.

이 중 간접고용 노동자와 근무 형태가 가장 비슷한 건 일터 한 곳에서 종일제로 일하는 계약직 노동자다. 계약직은 직접고용된 비정규직이고 용역·파견 노동자는 간접고용됐다는 차이밖에 없다. 그러나 이들의 임금 차이는 컸다. 한국비정규노동센터가 통계청의 2020년 8월 경제활동인구 부가조사를 분석한 결과 계약직(기간제) 노동자의 2020년 평균 임금은 239만 원이었다. 하지만 같은 시기 용역 노동자의 평균 임금은 190만 원으로 50만 원이나 적었다. 파견 노동자 역시 217만 원으로 20만 원 이상 적었다.[7]

비정규직 중에서도 간접고용 노동자의 급여가 유난히 적은 이유는 단 한 가지 차이 때문이다. 노동력을 사용하는 사람과 노동자 사이에 누군가 개입해 있다는 것, 그게 이들을 비정규직 중에서도 제일 밑바닥으로 끌어내렸다. 사용자와 노동자 사이에 누군가 개입하는 순간, 착취는 필연적이다.

2021년에는 이들의 사정이 좀 나아졌을까. 용역업체가 지키는 단 한 가지 기준인 최저임금은 겨우 130원 올랐고, 합법적인 중간 착취 구조 역시 공고하다. 노동자들은 오히려 덤덤히 말했다. 2020년 183만 원을 받았던 72세 아파트 경비원은 월급이 2만 5000원 올랐다고 했다. 170만 원을 받는 한국장학재단 콜센터 상담원들은 3년째 임금이 동결됐다고 했다. 이 경비원은 퇴직할 때까지 월급 200만 원을 넘길 수 있을까. 콜센터 상담원들의 월급이 200만 원이 되려면 몇 년을 더 기다려야 할까. 답답하고 무거운 공기 속에서 아득한 질문들만 맴돌았다.

7 _____ '관리비'라는 거짓말

2020년 9월 동해 지역을 휩쓴 태풍 '마이삭'으로 박선호씨는 사무실을 잃었다. 두 사람이 겨우 앉을 수 있는 3.3제곱미터도 안 되는 공간이었지만 바닷바람을 막아줬고 의자와 냉난방 시설이 갖춰져 있던, 타원형 간이 주차관리소였다. 그의 일터는 바로 부산 영도 바닷가에서 30미터 거리에 있는 국립해양박물관 주차장이다. 주차관리원인 그는 매서운 바닷바람 탓에 10월부터 내의를 껴입고 근무해왔다. 바닷가에 이른 겨울이 오고 있었지만 완전히 파손돼 철거된 주차관리소는 아무도 고쳐주지 않았다.

그의 회사는 아주 먼 곳에 있었다. 그는 박물관으로부터 운영 위탁을 받은 회사가 시설·주차관리 등을 재위탁한 용역업체 소속이었다. 그가 근로계약을 맺은 용역업체는 부산에서 약 400킬로미터 떨어진 서울 서초구에 있다. 업체는 시설·주차관리 사업을 따낸 후 이 지역 사람을 관리소장으로 채용해 현장에서 일어나는 모든 일을 소장에게 맡겼다. 대부분의 용역업체가 이렇게 한다. 전국에서 아웃소싱, 민간 위탁 사업을 따낸 뒤 노동자들끼리 원청의 일터에서 일하도록 하는 것이다.

부산에 사는 선호씨가 접촉할 수 있는 '회사'란 현장의 관리소장뿐이다. 소장에게 "언제 주차관리소를 다시 설치해주느냐"라고 물으면 "보험사와 시설물 파손에 대한 협의가 안 됐다"는 말만 반복했다. 그렇게 겨울이 왔다.

"패딩 점퍼를 안에 얇은 거 하나 바깥에 두꺼운 거 하나 두 벌 입고요, 양말이랑 장갑도 두 벌씩 껴입고 일해요. 등산 모자 눌러쓰고 목에 워머도 두르는데 그래도 몸이 덜덜 떨립니다. 너무 추우면 내 차 안에 들어가서 대기할 때도 있어요. 근데 차도 바닷가에 세워져 있으니까 똑같이 춥지요." 북극발 한파로 유난히 추웠던 2020년 겨울, 주차관리소는 끝내 고쳐지지 않았다.

용역업체들은 원청이 지급한 돈에서 자신들이 떼어가는 적지 않은 액수를 '관리비'라고 주장한다. 업체를 유지하고 노동자들이 일할 여건을 만드는 데 쓴다는 얘기다. 하지만 선호씨처럼 업무의 가장 기본 조건인 사무실조차 갖춰주지 않은 채 관리를 해준다는 것은 어불성설이다. 선호씨만 이런 게 아니었다.

아파트 경비원들은 경비 초소에 선풍기가 한 대도 없어 주민들이 버린 선풍기를 고쳐 썼다. 목장갑은 한 달에 한 켤레씩 지급되는데 낙엽을 많이 쓸어야 하는 가을에는 손가락에 금방 구멍이 나서두 켤레를 달라고 했지만 거절당했다. 땡볕에서 맥주 상자를 나르는 물류센터 노동자들은 용역업체에 그늘막 설치를 요청했다가 역시 거절당했다. 하루 수백 명의 손님을 접촉하는 은행 경비원은 코로나19 유행 이후 1년이 넘도록 용역업체로부터 마스크를 한 장도 지급받지 못했다.

업체가 말하는 관리비에는 노동에 필요한 최소한의 물품을 사는 액수가 포함돼 있지만 정작 노동자들은 받는 게 없었다. 이들이 속한 용역업체 역시 이들의 일터와 먼 곳에 있었고, 일은 노동자들끼리만 하고 있었다. 물리적인 거리만큼이나 용역업체와 노동자 간의 거리는 멀었다. 용역업체들이 노동자를 대부분 방치하고 모른 체하기 때문이다. 노동자들이 용역업체에 대해 "가만히 앉아서 돈번다"며 분노하는 이유는 그 때문이다.

노동자들의 근무 여건을 모르쇠로 일관하는 용역업체가 적극적으로 나설 때가 있다. 일터에서 갈등이 생겼을 때다.

은행 경비원 한재민씨는 코로나19 이후 더 바빠졌다. 객장에 오는 고객마다 열체크를 하는 틈틈이 어르신들의 공과금 납입과 현금 인출을 도와야 한다. 그런데 동전 포장까지 해야 하는 날이면 점심도 빵으로 때우며 일했다.

"은행 근처에 버스, 택시 회사가 있어서 동전을 자주 가지고 와요. 그걸 10개 단위로 포장하는 업무를 나한테 시켜요. 자판기 업체까지 동전 가지고 오는 날이면 점심시간에 밥도 못 먹고요. 그런데 동전 업무는 경비가 하면 안 되는 거거든요. 너무 힘들어서 부지점장님한테 '일주일에 두세 번 정도 요일을 정해서 동전을 받는 건 어떻겠냐'고 건의를 했어요. 그런데 이튿날 바로 용역업체에서 연락이 오더라고요. '사람이 융통성이 없다'면서 나한테 막 뭐라고 해요. 자기네가 동전 포장 같은 현금 관련 업무는 하면 안 된다고 교육까지 해놓고서요."

이런 일이 처음도 아니다. 이전 지점에서는 현금자동입출금기의 현금 보충 업무를 재민씨에게 시켰다. 처음에는 그 업무를 했지만 나중에 "경비원이 할 수 없는 업무"라며 못 한다고 말하자 은행 측에서 경비원 교체를 요구했다. 고객으로부터 불친절하다는 민원만 들어와도 은행 측은 용역업체에 경비원을 바꿔달라고 했다. 이런 일들로 지점을 여러 번 옮겼는데 업체는 한 번도 재민씨의 말을 귀담아들은 적이 없다.

"최소한 반론의 기회는 줘야 하잖아요. 근데 은행에서 저에 대한 컴플레인이 들어오면 사실 관계는 묻지도 않고 늘 저한테 뭐라고 해요. 이번에 동전 포장하는 거 부지점장한테 건의했다가 컴플레인 들어오니까 그만두라는 식으로 말하더라고요. 여러 번 옮기고 해서 더 갈 데가 없다면서요. 그래서 권고사직 서류에 지난 주에 서명했어요."

처음 인터뷰할 때만 해도 울분에 차 높았던 재민씨의 목소리는 힘이 쭉 빠졌다. 그는 이렇게 12년간 일한 곳에서 해고당했다.

아파트 경비원들 역시 똑같은 구조에 놓여 있다. 주민들의 민원이 접수되면 용역업체는 경위 조사도 없이 경비원을 해고해버리는 일이 잦다. 노동자들이 필요로 하는 순간에는 먼 곳에서 팔짱만 끼고 있던 업체들이, 원청과의 계약 유지에 불리한 일이 생기면 부지런히 노동자에게 책임을 묻는다. 용역업체가 말하는 '관리비'에는 노동자들의 고충을 해결해주는 것도 포함돼 있건만 현실은 거꾸로 고충이 생기는 순간 해고를 각오하고 말해야 한다.

사용주(원청)-고용주(용역업체)-노동자로 구성되는 이 '삼각 고용' 구조는 노동자를 '동네북'으로 만든다. 모든 책임을 노동자가 떠안는 순간 원청의 불법 행위, 용역업체의 방관은 표백되고, 이 간편한 책임 전가는 반복된다.

관리비는 떼지만 아무런 관리를 하지 않는 용역업체들. 정흥준 서울과학기술대 교수는 이렇게 일갈했다. "용역업체가 적당한 범위를 넘어서 노동의 대가를 상당 부분 가져가는데도 독립적인 회사로서 그만큼의 지원이나 복리후생 제공, 고충을 처리하거나 심리적, 물질적 안정을 주는 역할은 별로 하지 못하죠. 그래서 중간착취인 거죠."

8 _____ 부고와 해고

"공단 밀집 지역에서 퇴근하는 노동자들을 길에서 붙잡고 설문조사를 받아보면 자기네가 파견인지 용역인지 분명하게 대답을 못하는 사람이 많아요. 업체들 간의 계약으로 일 나가는 거고 '나는 얼마 받기로 했다'는 것만 아는 거죠."

인천 지역 노동단체의 담당자가 해준 이야기였다. 전국의 크고 작은 노동단체에서도 비슷한 얘기를 몇 번이나 들었다. 실제로 노동자들도 그랬다. "'용역'업체는 나를 원청에 '파견'시켜놓고 하나도 신경을 안 써요." 사실 '용역'과 '파견'은 전혀 다른 뜻인데도 뒤섞여서 사용되고 있었다. 이 개념을 제대로 구분하지 못했던 나 역시 취재 초기에는 애를 먹었다.

둘은 다음과 같이 구분된다. 용역은 원청과 용역업체가 '특정 업무를 완성하겠다는 도급계약을 맺는 것으로, 원청은 용역업체에 일을 통째로 맡긴 것이기 때문에 노동자에게 업무를 직접 시킬 수 없다. 그런 까닭에 원청은 노동자에 대해 법적 책임도 지지 않는다. 반면 파견은 원청이 파견업체를 통해 노동자를 공급받은 후 필요한 일을 노동자에게 직접 지시한다. 원청의 일터 모습만 보면 누가 원청의 정규직이고 누가 파견 노동자인지 구분이 안 된다. 원청이 파견직에게 사실상 자신의 직원인 것처럼 일을 시키기 때문에 원청은 파견직에 대한 법적 책임도 진다.

책임은 세 가지다. 만약 원청이 파견직 노동자 A씨를 2년 이상 사용했다면 A씨를 직접고용해야 한다. 또 원청 사업장에서 비슷한 일을 하는 노동자들과 임금, 상여금, 성과금, 복리후생 등을 차별해서는 안 된다. 파견 노동자에게 원청 정규직과 유사한 업무를 할당했다면 월급도 똑같이 주라는 뜻이다. 마지막으로 근로 시간, 휴게, 휴일 등의 노동 조건에 대해서는 원청을 근로기준법상의 사용자로 간주한다. 예를 들어 원청이 파견 노동자에게 휴게 시간을 보장하지 않거나 생리휴가 등을 쓰지 못하도록 했다면 원청이 근로기준법 위반으로 처벌받는다. 파견 근로자 보호에 관한 법률(파견법)로 노동자 파견을 허용해주는 대신 원청에 어느 정도의 의무와 책임을 부과한 것이다.[8]

즉 용역 노동자는 용역업체가 사용자로서 모든 책임을 지지만, 파견 노동자는 파견업체와 원청이 50퍼센트씩 그 책임을 나눠 진다. 원청 입장에서 매력적인 건 당연히 용역이다. 노동법 위반으로 처벌받을 일도 없고 노동자들이 노조를 만든다 해도 교섭에 응할 의무가 없기 때문이다.

용역업체 노동자들에게 무슨 일이 생기든 "우리는 법적인 책임이 없다"고 당당히 주장할 수 있다. 그리고 원청은 이 부분을 분명히 하기 위해 도급계약서에 '계약 수행을 위해 채용한 근로자(용역 노동자)에 대한 모든 노동법적 책임은 을(용역업체)이 부담한다'는 내용을 넣어 다시 한번 노동자들과 선을 긋는다.[9]

원청이 법 테두리 밖에 있는 용역을 선호하는 것은 숫자로도 증명된다. 통계청의 경제활동인구조사 부가조사가 시작된 2001년 전체 노동자의 1퍼센트였던 파견 노동자는 2017년 0.9퍼센트로 조금 줄었다. 하지만 용역 노동자는 같은 기간 2.4퍼센트(2001)에서 3.5퍼센트(2017)로 규모와 비중이 조금씩 늘어왔다.[10]

물론 도급계약이 원래 의미대로 원청이 용역업체에 일을 전적으로 맡기는 방식으로 진행된다면 법적으로 문제 될 게 없다. 예를 들어 전문 능력을 가진 용역업체에 특정 프로그램을 개발하도록 하거나 배를 한 척 만들도록 하는 것 등이다. 하지만 우리나라 대부분의 도급계약은 용역업체가 원청의 일터에 노동자를 보내면 노동자들이 원청의 지시를 받고 일하는 '불법 파견'이다. 원청이 용역업체와 도급계약을 맺어놓고 노동자는 파견 노동자처럼 직접 지시하며 부린다는 얘기다.

원청이 이렇게 할 수 있는 이유 중 하나는 용역업체가 사실상 아무 권한이나 결정권도 갖고 있지 않기 때문이다. 용역업체 대부분은 전문 기술이나 사업체로서의 독립성 없이 원청에 종속된 채 노동자를 모아 공급하는 역할만 한다. 이는 파견업체와 다를 게 없다.

그러니 노동자들은 자신이 용역 노동자인지 파견 노동자인지 헷갈릴 수밖에 없다. 원청과 자신이 속한 중간 업체가 어떤 계약을 맺었건 파견 노동자처럼 일하기 때문이다. 간접고용 세계의 가장 큰 두 축인 용역과 파견은 이렇게 한 몸처럼 얽혀 있다. 적지 않은 노동자는 자신이 어느 쪽인지조차 알지 못하고, 자신이 어떤 권리를 갖는지도 모른 채 일터로 향한다.

아니, 어쩌면 용역인지 파견인지는 중요하지 않을지도 모른다. 어느 쪽이든 간접고용 세계에서 노동자는 중간착취와 저임금, 해고와 산업재해에 똑같이 노출돼 있기 때문이다. 이 세계의 공기를 알게 된 건 비단 노동자들과의 인터뷰를 통해서만은 아니었다.

발전비정규직연대회의 이태성 간사는 고 김용균씨, 그리고 남은 동료들의 중간착취 문제 취재를 도와준 분이었다. 워낙 복잡한 문제라 만나서 자료를 보며 자세한 설명을 듣기로 했는데, 코로나19 확진자가 급증하면서 그의 서울 출장 일정이 불투명해졌다. 날짜를 다시 조율하려고 전화를 했더니 그가 황급히 전화를 끊고 문자메시지를 보내왔다.

"지금 상갓집이라서요. 발전소 비정규직 노조 지부장이 자살을 하셨습니다." 곧이어 문자가 또 왔다. "장례를 진행 중이라 이번 주는 (만나기) 어렵겠네요." 자세한 얘기는 나중에야 들었다. 간접고용 노동자였던 지부장은 난항을 겪던 용역업체와의 임금 협상이 잠정 합의된 날 삶을 등졌다. 유서를 남기지 않아 자살 이유를 함부로 단정하긴 어려웠다. 다만 주변 사람들은 그가 노조활동과 임금 협상을 하며 가졌던 부담감이 컸으리라고 짐작했다.

또 다른 죽음도 있었다. 현대자동차 전주 공장에서 일하는 용역업체 소속 노동자들을 인터뷰할 때였다. 마스크를 끼고 일했는데도 코와 입이 분진으로 시커멓게 뒤덮인 노동자의 사진에 모두가 경악했던, 그 노동자가 소속된 용역업체였다. 이 용역업체는 코로나19 때문에 마스크 구매가 어렵다며 원래 쓰던 1장에 1400원짜리 3M 마스크 대신 1장에 700원짜리 마스크로 바꿨다가 여론의 뭇매를 맞았다. 용역업체가 안전용품, 보호장구를 제대로 지급하는지 등을 노동자들에게 묻다가 현대차 울산 공장에서 일하는 같은 용역업체 소속 동료의 사고를 전해 들었다. 신정과 이어진 황금연휴, 일요일이었던 2021년 1월 3일. 설비 점검 업무를 주로 하던 노동자였지만 원청의 고위직이 공장을 방문한다는 이유로 급히 생산설비 청소 작업에 투입됐고, 설비를 가동한 채 작업하던 중 기계에 몸이 끼어 사망했다.

비정규직 노동자의 자살과 산재 사망은 기사로 숱하게 접했다. 하지만 내가 취재하던 도중에 일어난 동료의 죽음은 그 무게가 달랐다. 나와는 거리가 멀다고 여겼던 일들이 가까운 곳에서 매우 자주 일어나고 있다는 것을 뒤늦게 자각하는 것은 혼란스럽고 괴로운 일이었다.

해고는 더 잦았다. 파견 노동자로 사무보조 일을 하던 50대의 차영신씨를 처음 만났던 2020년 12월 초, 그는 조금 민망해하면서 말했다. "재계약 앞두고는 마음이 불안해지더라고요. 괜히 심리적으로 위축되고 눈치 보게 되고요. 재계약돼서 다행이죠." 한 달 후 그에게서 다시 연락이 왔다. "1년 재계약한 지 두 달 만에 원청에서 해고 통보를 했어요."

아파트 경비원 한 명은 재계약 일주일 전에 갑자기 계약 만료 통보를 받았고, 또 다른 아파트 경비원은 이유도 듣지 못한 채 계약 만료를 당했다. 은행 경비원 한 명은 업무에서 벗어난 부당 지시에 항의했다가 권고사직을 받았다. 모두 내가 취재했던 노동자들이었다.

우리나라 간접고용 노동자는 총 346만 명으로 추산된다.[11] 우리는 그중 겨우 100명을 두 달여 간 인터뷰했을 뿐인데, 취재 전에는 예상치도 못했던 부고와 해고를 마주했다. 우리가 직접 취재한 노동자의 동료 2명의 부고를 접했고, 취재한 노동자 100명 중 4명이 취재 도중 해고 통보를 받았다. 전체 간접 노동자들에게는 이런 일이 대체 얼마나 일상적으로 일어난다는 것일까.

분노와 불안, 체념이 이 세계에 공기처럼 떠다니는 데에는 이유

가 있었다. 그리고 그 공기 속에서 호흡하는 동안 나도 자주 숨이
막혔다. 부고와 해고를 접한 날은 특히 컴퓨터 자판을 두드릴 기운
조차 없어 자주 멍해졌다.

9 _____ 도처에 거머리가

30대 후반, 이제라도 제대로 된 기술을 배워볼 생각이었다. 한 구직 사이트에 올라온 채용 공고. '건설 일용직, 전기 공사, 일당 13만 원, 초보 가능, 숙식 제공.'

최기영씨는 이 조건으로 '팀장' 밑에서 일하기로 했다. 팀장은 현장에서 함께 일하는 노동자 중 한 명이었지만 건설사의 전기 작업을 따내고 일을 지휘하는 역할을 했다. 팀장을 포함한 5명이 한 팀을 이뤄 전국의 건설 현장을 다니며 전기 작업을 하는 것이었다. 팀장이 '일당으로 13만 원씩 주겠다'고 말한 것이 기영씨가 팀장과 맺은 '구두' 근로계약이었다.

그런데 서면으로 쓰는 진짜 근로계약서는 조금 달랐다. 팀장은 말 그대로 노동자 중 우두머리일 뿐, 근로계약은 원청인 건설사와 맺었다. 건설사와 맺는 계약서에 적힌 일당은 20만 원. 뭔가 이상했다. 그리고 원청은 근로계약서대로 매달 그의 근무 일수 20만 원을 곱해 그의 통장으로 입금했다.

하지만 기영씨는 자기 통장에 얼마가 들어왔는지 확인할 수 없었다. 일을 시작할 때 팀장이 통장을 가져갔기 때문이다. 팀장은 원청이 그의 통장에 입금한 월급 중 자신이 기영씨와 구두 계약한 금액만 남겨두고 나머지는 모두 인출해갔다. 기영씨에게 일당 13만 원만 주기로 했으니 7만 원은 자신이 가져갔고, 남은 13만 원에서는 '세금'이라며 또 10퍼센트(1만3000원)를 뗐다. 결국 원청에서 지급한 20만 원 중 기영씨에게 남는 건 11만7000원뿐이었다.

기영씨가 20일을 일한 달에는 400만 원이 입금되지만 이 중 166만 원(42퍼센트)을 팀장이 떼어가고 기영씨 통장에는 234만 원만 남는 식이었다. 잔업, 특근까지 해서 월급이 많아질수록 떼이는 돈도 커졌다. 일을 많이 하면 할수록 팀장의 배를 불리는 구조였다. 또 원청에서 받는 돈 전체가 기영씨의 소득으로 잡히다보니 그 금액을 기준으로 기영씨가 4대 보험료와 각종 세금을 냈고, 팀장은 세금 한 푼 없이 자기 몫을 챙겼다.

건설업은 중간착취 역사가 가장 뿌리 깊은 산업이다. 다단계 하도급이 만연해 단계마다 자기 몫을 떼다보니 정작 현장에서 땀 흘려 일하는 노동자들에게 돌아가는 돈은 얼마 안 됐다. 특히 하도급의 맨 아래 단계에 있는 팀장들은 건설사로부터 전체 팀의 인건비로 목돈을 받은 후 팀원들에겐 적게 주고 자신은 막대한 이윤을 내곤 했다. 건설업계에서는 이런 고질적인 중간착취 악습을 '똥떼기'라고 부른다.

중간착취를 막으려고 정부는 건설업에 '임금 직접 지급제'를 법제화하기도 했다. 정부나 지방자치단체가 발주하는 공공 공사에서는 원청인 건설사가 노동자의 통장으로 임금을 바로 지급하도록한 것이다. 중간착취나 임금 체불을 막기 위해서다. 기영씨가 일한 공사 현장 역시 이 제도 덕분에 팀장을 거치지 않고 기영씨 통장에 임금이 직접 지급되었다.

하지만 이 '중간착취 보호 제도' 때문에 팀원들의 월급을 가로챌 수 없게 된 팀장들은 아예 팀원들의 통장이나 체크카드를 자신이 보관하며 착취하는 방식을 새로 고안해냈다. 보호 제도가 무색하게도 '똥떼기'는 여전히 성행하고 있다.

새로운 공사 현장에 간 첫날, 근로계약서 작성이 끝나면 팀장이 팀원들을 은행에 데리고 가 새 월급 통장을 개설하게 한 후 통장이나 체크카드를 비밀번호와 함께 모두 수거해가는 진풍경도 펼쳐진다고 한다. 또 월급날이면 팀장이 통장 여러 개를 들고 현금자동입출금기 앞에 서서 차례로 돈을 인출하는 풍경 역시 어렵지 않게 볼 수 있다고 한다.

"통장을 억지로 빼앗아간 건 아닌데, 일을 하려면 줄 수밖에 없었어요. 몇 명이 우리 팀에 들어왔다가 금방 나갔는데, 팀장한테 통장이나 체크카드를 안 주면 일을 오래 못 해요. 현장 한 군데 일이 마무리돼서 다른 곳으로 옮길 때 그 사람을 데려가지 않는 거죠. 팀장 입장에서는 이윤이 남지 않으면 그 사람을 데리고 다닐 이유가 하나도 없어요."

일부 팀장은 팀원의 통장을 빼앗는 대신 원청에서 받은 월급 중 일정액을 자기 통장으로 송금하도록 한다. 하지만 별로 선호하지는 않는 방식이다. 나중에 팀원이 경찰에 고발하면 근로기준법 9조 위반 혹은 형법상 금품갈취로 처벌받을 수도 있기 때문이다. 그래서 많은 팀장은 금융 기록이 남는 송금 대신, 통장 주인이 출금한 것처럼 위장하며 흔적 없이 착취한다.

기영씨 기억 속의 팀장은 중간착취를 하기 위해 일하는 사람 같았다. "자기 이윤을 남기려는 목적이 작업보다 더 컸어요. 팀원 중에서도 숙련된 사람보다 초보한테 돈을 더 많이 떼요. 기술자는 보통 일당 18만 원, 초보는 13만 원으로 구인 광고를 내거든요. 초보를 몇 명 데리고 다니느냐에 따라 팀장들 부수입도 달라져요. 제가 일한 현장은 초보를 못 쓰게 하는 곳이었는데, 팀장은 생초보를 데리고 가야 많이 남겨먹으니까 저한테 계약서에 경력이 2, 3년이라고 거짓으로 쓰라고 시켰어요."

팀장이 팀원 4명에게서 뗀 돈이 정확히 얼마인지는 모르지만 그는 "무시 못 할 큰돈"이라고 했다. 건설업계에서는 팀원 대여섯 명 기준으로 팀장이 한 달에 보통 1000만~2000만 원을 똥떼기로 가져간다고 보고 있다. 제조업의 생산설비 등을 건설하는 분야의 노조 관계자는 이렇게 귀띔하기도 했다.

"이름만 대면 아는 큰 건설사, 그러니까 종합건설사는 설계·감리만 하고 실제 공사를 수행하지는 않아요. 전문 건설업체한테 일을 쪼개서 나눠주는데, 건설업체는 대부분 영세해서 노동자를 상시 고용하는 데가 별로 없어요. 그러니 현장 팀장이나 반장한테 재하도급을 주는데, 이게 불법이에요. 그래서 재하도급 준 걸 감추려고 공수(건설업계 용어로 1 공수가 하루에 할 수 있는 작업의 양이다. 공수에 일당을 곱해 인건비를 산정한다)를 추가로 달아주고, 추가 공수만큼의 인건비는 팀장이 가져가죠. 팀원들한테 떼는 돈이랑 추가 공수로 받는 돈까지 합쳐서 한 달에 2000만 원 넘게 받아가는 팀장들도 있어요. 전문 건설업체 사장들은 똥떼기로 돈 마련해서 건설사 차린 사람이 대부분이에요. 현장 출신이 업체 사장 되려면 똥떼기 안 하면 안 되는 구조예요." 누군가의 피, 땀, 눈물이 다른 사람의 사업 밑천으로 흘러가는 것이다.

기영씨는 팀장에게 한 번 항의한 적이 있다. "13만 원에서 또 10퍼센트 세금을 떼는 것은 너무 기분이 나빴어요. 그걸 얘기했더니 팀장은 '다 그렇게 한다'며 계속 떼더라고요. 지금 건설 현장은 정말 열악해요. 대체로 궁지에 몰린 사람들이 노가다로 일하기 때문에 이 사람들이 목소리 내는 건 불가능해요. 바꿔볼 생각도 없고, 바뀔 거라고 생각하지도 않아요."

결국 기영씨는 전기 기술자를 꿈꾼 지 1년도 안 돼 일을 그만뒀다. "초보들, 뭣도 모르는 사람들, 타지에 떠돌아다니며 힘들게 일하는 사람들 주머니까지 털어가는 게 싫었어요. 그 밑에서 일하면서 팀장이 이득 보게 해줄 필요는 없겠다 싶었고요."

일당제 건설노동자도 간접고용 노동자에 포함된다. 팀장 혹은 직업소개소 등의 중간업자를 통해 일을 구하고, 다단계 하도급 구조에서 돈을 뜯기는 구조가 간접고용의 특성을 그대로 지니고 있기 때문이다. 총 346만 명으로 추산되는 간접고용 노동자 중 70만 명(20퍼센트)이나 된다.[12]

다른 간접고용 노동자들처럼 건설노동자들 역시 단 하루를 일해도 착취를 피할 길이 없다. 기영씨처럼 팀으로 현장을 다니는 노동자들뿐 아니라 새벽에 인력사무소에서 홀로 일을 구하는 노동자들도 마찬가지다.

30대 초반의 이상진씨는 집 근처 인력사무소에서 일을 구했을 때 일당의 30퍼센트를 떼였다. "시흥 정왕동에 있는 인력사무소에서는 제 일당 15만 원 중 5만 원을 떼어갔어요. 그 동네에서는 그게 평균이었어요. 그렇게 많이 떼어도 일할 외국인이 넘치니까요. 도저히 안 되겠어서 더 일찍 일어나 먼 안산역까지 가 10퍼센트만 떼는 인력사무소를 다녔어요."

일당의 30퍼센트를 떼인 그에겐 '10퍼센트만' 떼는 곳이 그나마 나았지만, 둘 다 불법이다. 현행법(직업안정법 19조)상 직업소개소가 구직자에게 받을 수 있는 수수료는 임금의 1퍼센트뿐이다. 노동력을 사용한 회사, 즉 건설사로부터는 임금의 10퍼센트까지 수수료로 받을 수 있다. 하지만 직업소개소에 일감을 주는 '갑'인 건설사에는 수수료를 부과하지 않고, 노동자에게 건설사로부터 받아야 할 수수료까지 전가하고 있는 것이다. 전국의 모든 직업소개소가 약속이나 한 듯 법은 아랑곳 않고 법적 수수료의 10배를 당연하게 받고 있다.

용역·파견 노동자부터 건설 일용직까지, 간접고용의 세계에는 도처에 거머리가 득시글거린다.

10 _____ 어느 은행 경비원의 절규

은행 경비원조차 용역업체 소속 간접고용 노동자라는 사실을 알게된 건 우연이었다.

간접고용 노동자들은 꼭꼭 숨어 있었다. 노동 관련 기사를 쓸 때는 거의 노동조합을 통해 누군가를 소개받았지만 정규직 중심의 큰 노조도, 비정규직 중심의 작은 노조도 그들의 행방을 몰랐다. 이들은 비정규직처럼 아무 때나 해고됐지만 용역업체의 '정규직'이었고, 일터에서 혼자 일하는 사람도 많았다. 어느 쪽에도 속할수 없었고 어떤 목소리도 내기 힘든 고립 상태에 놓여 있었다.

전국의 노조와 비정규직센터, 노동 관련 단체에 하루 10~20통씩 전화를 돌리는 틈틈이 SNS, 온라인 카페 등 온라인 공간에서이들의 흔적을 뒤졌다. 그러다 페이스북에서 발견한 '은행 경비 노조준비위원회'. 노조도 아닌 노조준비위원회였다. 노조를 만드는 것조차 쉽지 않아 4년째 준비만 하고 있다는 사실은 나중에야 알았다. 노조준비위 이태훈 위원장에게 취지를 설명하고 섭외를 부탁했다. 그는 은행 경비원 온라인 카페에 중간착취 문제에 대해 '인터뷰에 응할 사람은 기자에게 연락하라'는 글을 올려줬다.

임성훈씨는 그 글을 보고 내게 먼저 문자메시지를 보내온 사람이었다.

"용역 중간착취 문제로 인터뷰하신다는 글 보고 연락드립니다. 기자님 편한 시간에 연락 한번 주세요. 감사합니다:)"

금요일 오후, 하필 그날따라 취재 일정이 줄줄이 잡혀 있었다. "괜찮으시면 월요일 오전에 전화드리겠다"는 내 답장에 그가 "답변 내용을 메일로 보내드릴까요?"라고 제안했다. 그리고 이튿날 밤 11시, 한글 문서 5장 분량이 메일로 왔다. 그는 월급이 왜 늘 제자리걸음인지 급여 항목별로 상세히 설명했고, 마지막에는 '인터뷰와 직접적인 관련은 없는 개인적인 이야기'라며 고용 불안에 대한 고충을 적었다.

그의 이야기는 너무 담담해서 슬펐다. "은행원들과 같은 대우를 받는 것은 바라지 않습니다. 비슷한 대우도 바라지 않습니다"라는 문장을 읽었을 때는 다음 문장으로 넘어가지지 않았다. 원청과 용역업체의 입장을 헤아리려 애쓰는 대목에서도 마찬가지였다. "시대의 흐름과 이익의 극대화를 위해 지점 수를 줄이는 것이라 이해는 가지만……."

그의 목소리를 그대로 보도하기로 했다. 기자를 거쳐 각색된 기사보다는 그의 글 자체가 갖는 힘이 독자들에게 더 큰 울림을 줄 것이기에 그에게 글을 짧게 정리해달라고 부탁해서 보도했다. 그리고 이 글은 우리가 썼던 모든 기사 중에서 가장 많은 온라인 조회수를 기록했다. 독자들의 메일도 어느 때보다 많이 왔고, 이재명 경기도지사가 개인 페이스북에 공유하며 많은 이에게 퍼져나가기도 했다.

2021년 1월 29일에 보도했던 성훈씨의 글을 그대로 싣는다.

[은행 경비원 임성훈 씨의 편지][13]

은행에 방문한 고객들을 안내하는 저는 은행 경비입니다.

은행에서 일하기에 당연히 은행 직원으로 생각하는 분들도 있겠지만 제 명찰에는 이름 석 자와 함께 용역업체의 이름이 적혀 있습니다. 저는 지점에 파견된 용역업체 직원입니다. 가끔 그 사실을 모르시는 분들은 저에게 "좋은 데서 일한다"고 말씀하시지만 그렇지 않습니다.

5년 전 처음 일을 시작할 때 제 월급은 세후 130만 원이었습니다. 당시 최저임금(6030원)을 기준으로 기본급이 정해졌고, 여기에 연차수당, 연장근로수당, 직무교육수당, 식대가 18만 원 정도 더해졌습니다. 적은 돈이었지만 근속 연수가 늘고 최저임금이 오르면 월급도 오를 것이라는 희망이 있었습니다.

하지만 최저임금 인상으로 기본급이 매년 늘어나자 용역업체는 원래 주던 수당과 식대를 없앴습니다. 그래서 5년 차인 저의 월급은 188만 원입니다. 최저임금인 기본급에 매년 3만 원씩 인상되는 근속수당이 월급의 전부입니다. 이 근속수당도 최저임금이 더 오르면 언제 없어질지 모릅니다. 월급에서 점심 식대를 빼고 나면 손에 쥐는 돈은 178만 원뿐입니다. 식당 이모님의 배려로 그나마 식대를 10만 원만 내고 있는데, 도시락을 먹어서 식대라도 아껴야 하는지 늘 고민합니다.

제가 속한 용역업체는 1년에 5일이었던 유급휴가 제도마저 2019년에 폐지했습니다. 이제는 하루를 쉬면 월급이 7만 원 정도 줄어듭니다. 문제는 이런 모든 결정이 경비원들과의 합의나 의견 수렴 없이 용역업체의 일방적인 문자 통보로만 이루어졌다는 것입니다.

용역업체에서는 지점이 부당한 지시를 할 경우 이야기하라고 합니다. 하지만 지점의 말 한마디가 경비원의 고용에 큰 영향을 미치기 때문에 지점에 대한 불만 사항을 얘기하는 것은 현실적으로 쉽지 않습니다. 결국 은행 경비원들은 지점의 부당 지시에 따른 고충을 아무에게도 말할 수 없고, 소속되어 있는 용역업체의 일방적인 수당 폐지, 복지 축소도 그냥 따라야 합니다.

그럼에도 용역업체는 매년 은행 본사와의 계약을 통해 받는 일정 금액에서 경비원의 월급을 제외하고 나머지 금액을 복지와 관리비라는 명목으로 수수료로 가져가고 있습니다. 그 금액이 얼마인지 알 수 없으나 결코 적은 액수는 아닐 것입니다. 업체의 이익을 위해 경비원들이 받아야 할 것을 착취하고, 고통을 분담하기보다는 본사와의 재계약을 위해 경비원들에게 일방적인 희생만을 강요합니다. 과연 업체가 경비원들의 노동의 대가를 가져갈 자격이 있을까요.

저는 이미 한 차례 계약 해지를 겪어본 적도 있습니다. 처음 입사했던 용역업체와 은행과의 계약이 해지되면서 저 역시 계약 해지를 통보받았습니다. 다행히 새롭게 계약 맺은 업체에 고용 승계가 되어 지금까지 일할 수 있었습니다. 하지만 모든 경비원이 고용 승계가 되는 것은 아닙니다. 얼마 전 근처 지점의 통폐합으로 그곳 경비원의 계약이 해지될 것이라는 말을 들었습니다. 제가 일하고 있는 지점은 올해 통폐합에는 포함되지 않아 이번 1년은 살아남았지만 내년에도 그럴 것이라는 보장은 없어 항상 불안감을 가지고 있습니다.

은행원들과 같은 대우를 받는 것은 바라지 않습니다. 비슷한 대우도 바라지 않습니다. 형식적인 '관리' 명목으로 은행 경비원의 노동 대가를 중간착취 당하지 않고 온전히 받고 싶습니다. 그리고 지금보다 조금만 더 마음 편하게 일하고 싶습니다. 양질의 일자리는 아니더라도 매년 반복되는 재계약과 언제 마주할지 모르는 지점 통폐합에 따른 계약 해지의 불안감에서 벗어나 일하고 싶습니다. 저는 안정된 고용 환경에서 소속감을 가지고 일할 수 있기를 바랄 뿐입니다.

노동의 대가를 도둑맞은 100명의 이야기

※월급은 세후 기준(세전 기준일 경우 별도 표시)

김희철(가명·20대 중반·남), 발전소 노동자
월급 210만 원, 중간착취 100만 원(추정)

"고故 김용균씨가 했던 일을 한다. 용균씨의 월급은 211만 원이었다. 원청이 주는 김씨의 직접노무비는 522만 원이었지만 311만 원을 하청이 착복했다. 고 김용균 특조위는 '현재 도급비 구조는 하청 노동자에게는 저임금을, 협력사에게는 과도한 이윤을 안겨주는 의미가 강하다'고 했다. 공공기관을 만들어 정규직화할 것이라고 말하지만 기약이 없다. 그때까지는 계속 월급이 떼여도 된다는 말인가. 나는 2020년 8월 용균씨의 월급보다 적은 210만7779원을 받았다."

이경화(50·여), 콜센터 상담원
월급 180만 원대, 중간착취 100만 원(추정)

"원청인 건강보험공단이 용역업체에 상담사 한 명당 주는 돈(도급 단가)은 307만 원인데 월급은 180만 원이다. 1인당 월 100만 원 이상이 도급업체 운영비로 쓰인다는 얘기다. 그런데 콜센터 사무실, 책상, 컴퓨터, 전화 회선 등은 모두 건보공단 지사에서 제공한다. 업체가 받은 운영비는 대체 어디에 쓰이는 것인지 알려달라고 했더니 '기밀자료'라고 한다. 7년간 일하면서 가장 궁금했던 게 이 운영비의 행방이다."

임서연(가명·36·여), 콜센터 상담원
월급 180만 원, 중간착취 약 40만 원(추정)

"건강보험공단은 응대 건수와 응대율로 도급업체를 평가하고, 도급업체는 휴가를 통제하며 쥐어짠다. 30분 일찍 출근시켜 업무 관련 시험을 보게 하거나 점심시간에 직무 교육을 받도록 했다. 연장근무를 한 셈인데 수당은 없다."

손영희(45·여), 콜센터 상담원
월급 190만 원, 중간착취 모름

"원청은 건강보험공단이다. 2018년 최저임금이 1060원 올라 역대 최고 인상액을 기록했을 때 내 월급은 3만 원 올랐다. 도급업체가 식대를 없애고 근속수당을 절반으로 줄였기 때문이다."

염희정(45·여), 콜센터 상담원
월급 195만 원, 중간착취 34만 원(추정)

"도급업체는 도급비가 그대로라서 임금을 못 올려준다고 했다. 원청인 한국장학재단에서 낸 보도자료를 보니 도급비를 2.9퍼센트 인상했다고 한다. 업체가 이를 챙긴 것이다."

김수정(가명·49·여), 콜센터 상담원
월급 170만 원, 중간착취 6만 원(추정)

"원청은 한국장학재단이다. 상담원 대부분이 10년 넘게 일했지만 근속수당도 없이 세후 170만 원을 받는다."

김예분(가명·58·여), 조리원
월급 170만 원, 중간착취 모름

"10년 동안 동강병원에서 1300여 명의 식사를 책임졌다. 하청업체가 여섯 번 바뀌었지만 늘 그대로 일할 수 있었다. 그런데 동원홈푸드가 들어오면서 노조 조합원들만 내쫓았다. 다른 업체 파견 직원을 투입하겠다고 한다. 동강병원 영양실은 동원홈푸드와 인력파견 업체 양쪽에 돈을 줘야 하지만, 정작 조리원은 최저임금을 받는다. 일하는 노동자가 아니라 다른 이들에게 노동의 대가가 돌아가고 있다."

김연철(가명·60·남), 생활용품 제조 공장 노동자
월급 179만 원, 중간착취 모름

"생활용품 회사에 파견돼 원료 배합 보조, 청소 등 허드렛일을 했다. 9년간 같은 곳에서 같은 일을 했지만 파견업체는 네 번 바뀌었다. 업체들은 폐업하거나 명의를 바꿀 때 임금과 퇴직금을 지불하지 않았다."

박영수(가명·33·남), 방사선 안전관리원
월급 300만 원, 중간착취 700만 원(추정)

"원청은 한국수력원자력이다. 한수원은 방사능이란 위험한 물질을 '안전하게' 관리하는 중요한 일을 회사 밖의 간접고용 노동자들에게 맡긴다. 더 심각한 건 중간착취.

용역회사는 한수원으로부터 1인당 단가로 연 1억2000여 만 원을 받는데, 노동자의 연봉은 4000만 원 수준이다. 임금의 두 배보다 많은 9000만 원에 달하는 금액이 중간에서 사라지고 있다."

성도연(가명·30·남), IT 개발자
월급 180만 원, 중간착취 270만 원

"신입 개발자 시절에 '보도방'이라 불리는 인력파견 업체는 도급사에 나를 4년 차로 소개해 월 450만 원을 인건비로 받았다. 내게 쥐어지는 건 180만 원 남짓이었다. 이런 업체는 사장 1인 회사도 많다. 오직 신입 개발자의 노동으로 먹고살 뿐이다."

김남우(가명·26·남), IT 개발자
월급 200만 원, 중간착취 250만 원(추정)

"내가 몇 번째 하청인지, 갑-을-병-정-무 구조에서 어디쯤 위치하는지 모른다. 초급, 중급, 고급으로 금액이 대략 정해져 있다. 파견회사에서는 원청으로부터 중급 단가 450만 원 정도를 받지만 내 월급은 200만 원쯤 된다."

김은수(가명·28·남), IT 개발자
월급 200만 원, 중간착취 80만 원

"심지어 '면접비'란 이름으로 구직자에게서 20만 원을 가져갔다. 말도 안 되는 일이다. 이런 업체들은 문제가 되면 이름만 바꾸면서 아무것도 모르는 신생 개발자들을 속이고 있다."

이민준(가명·30·남), IT 개발자
월급 172만 원, 중간착취 모름

"인력파견 업체에서 처음에 교육비 20만 원을 내라고 했다. 교육은 없었다. 면접비라고 했다가 교육비라고 하는 등 말을 바꿨다. 매월 얼마를 가져가는지는 모른다. 서울 구로·가산 쪽 소규모 인력파견 업체는 90퍼센트가 인건비를 떼어먹는 방식으로 굴러가는 인력 보도방이다."

이상진(가명·33·남), 건설 일용직 노동자
일당 10만 원, 중간착취 일일 5만 원

"시흥 정왕동의 인력사무소에서 일을 구했을 때 일당 15만 원 중 5만 원을 떼였다. 그렇게 많이 떼여도 일할 외국인은 많기 때문이다. 결국 집에서 먼 안산역까지 가서 10 퍼센트만 떼는 인력사무소를 다녔다."

최기영(가명·39·남), 건설 노동자
월급 351만 원, 중간착취 249만 원

"5명이 한 팀으로 전기 작업을 했다. 일당 20만 원으로 근로계약서를 썼지만 팀장이 내 7만 원을 가져갔다. 팀에 들어올 때 팀장이 구두로 통보한 일당이 13만 원이었기 때문이다. 팀장은 13만 원에서 또 10퍼센트를 떼어 나는 최종 11만7000원을 받았다. 건설업에 만연한 중간착취 '똥떼기'였다."

박호근(가명·33·남), 건설 일용직 노동자
일당 11만5000원, 중간착취 1만5000원

"인력사무소는 내 일당에서 수수료로 10~11퍼센트를 뗀다. 보험료 명목이라는데 뭔지 잘 모른다. 문제 제기하면 일을 안 주니까 뭐라고 말하지 못한다."

김호성(가명·51·남), 철도 역장(교대조)
월급 175만5080원(세전), 중간착취 139만 원(추정)

"한국철도공사의 자회사인 코레일네트웍스 소속이다. 시중노임단가를 적용해보니, 한 달에 130여 만 원 덜 받는 것으로 나타났다."

하철용(가명·53·남), 철도 총괄매니저
월급 175만5080원(세전), 중간착취 139만 원(추정)

"전·현직 대표이사 등 고위 간부 다수가 모회사 출신이다."

이성훈(가명·55·남), 철도 역무원(일근)
월급 171만 원(세전), 중간착취 40만 원(추정)

"업무 지시는 대부분 모회사에서 하달한다. 소속 업체인 자회사에서 해주는 관리는 거의 없다."

박재순(61·남), 대리운전 기사
1만 원 콜 기준 수입 5500원, 중간착취 4500원

"콜당 수수료는 3000원(1만5000원 미만 콜 기준)이다. 매달 보험료 10만 원과 매일 출근비 3500원(셔틀비 3000원+프로그램 사용료 500원)을 낸다. 1만 원 콜 기준으로 평균 4500원이 업체 수수료+출근비+보험료로 나간다.

로지소프트에서 일하는 부산 대리기사 5000여 명이 매일 셔틀비를 3000원씩 한 달간 내면 4억 원이다. 셔틀 운영 비용은 월 1억 원 정도다. 업체의 주 수익이 셔틀에서 발생하는 것이다. 프로그램 사용료와 보험료도 부풀려졌다고 들었다. 기사가 많아지면 콜 수와 상관없이 업체 이윤이 늘어난다. 사람 장사를 하는 것이다."

한기석(54·남), 대리운전 기사
1만 원 콜 기준 수입 5500원, 중간착취 4500원

"카카오 대리운전 콜당 수수료가 20퍼센트다. 타직종은 보통 10퍼센트인데 대리기사는 20~30퍼센트를 낸다. 대리기사 관련 법이 없어서 업체들이 악용하는 것이다. 일본에는 과거부터 대리운전자 법이 있었다."

이철희(가명·65·남), 아파트 경비원
월급 217만 원, 중간착취 모름

"아파트 공고문을 보니 용역업체에 매달 1억 원 정도 도급비로 준다. 경비원 30명의 4대 보험료 포함 1인당 급여가 250만 원이라고 하면 7500만 원이다. 설비 투자를 하는 것도 아니고 매달 가만히 앉아서 2500만 원이 생기는 것 아닌가?"

구자혁(68·남), 아파트 경비원
월급 169만 원, 중간착취 모름

"중간에서 얼마나 떼어가는지 전혀 알 수 없다. 나이가 많거나 장애가 있는 사람을 고용하면 나라에서 지원금을 주는데, 그것도 가져가는 일이 숱하다. 파견업체에서는 가끔 관리자랍시고 찾아와서 단추를 제대로 안 잠갔다고 큰소리 내며 면박을 주는 게 전부다."

신태수(가명·69·남), 아파트 경비원
월급 205만 원, 중간착취 모름

"10년 전 다른 아파트에 직접고용됐을 땐 월급이 많은 편이었다. 중간에서 떼어가는 게 없으니까."

윤기섭(가명·64·남), 아파트 경비원
월급 196만 원, 중간착취 모름

"직업소개소 통해 용역업체 입사 후 소개비 20만 원을 냈다. 요즘은 직업소개소를 통하지 않으면 면접 보기도 힘들다."

기학수(가명·72·남), 아파트 경비원
월급 183만 원, 중간착취 모름

"용역업체는 경비원들의 피를 빨아먹기 위해 있는 회사다. 경비원 근무 환경을 돌보거나 갈등을 중재하는 경우는 전혀 없다."

최희석(가명·69·남), 아파트 경비원
월급 196만 원, 중간착취 모름

"용역업체에서 경비원 1인당 10만~20만 원 정도씩 떼어가지 않나 싶다. 용역업체가 칼날처럼 버티고 있어서 인터뷰하는 것도 겁난다."

김찬섭(가명·72·남), 아파트 경비원
월급 183만 원, 중간착취 모름

"최저임금이 오를 때마다 용역업체가 휴게 시간을 늘렸다. 24시간 근무 중 10시간 30분이 휴게 시간이다. 그래서 임금이 오르질 않는다. 휴게 시간에도 분리수거를 해야 하고 일 생기면 나가야 한다."

나기석(가명·60대 중반·남), 아파트 경비원
월급 197만 원, 중간착취 모름

"휴게 시간에 분리수거해서 한 달에 수당 2만 원을 받는다. 다른 아파트는 최하 6만 원이다. 경비 대부분이 '2만 원 안 받고 분리수거 안 하고 싶다'고 말한다."

이정식(가명·66·남), 아파트 경비원
월급 182만 원, 중간착취 모름

"연차 안 쓰고 수당 받고 싶은데 안 써도 돈을 안 준다."

김현희(가명·46·남), 주유소 직원
월급 250만 원, 중간착취 12만 원 이상

"현대오일뱅크 직영주유소 총무로 일했다. 근로 시간이 주당 100시간이 넘어 주유소장에게 초과 수당을 요구했다가 해고됐다. 원청도 찾아갔지만 주유소장과 '관리용역 계약'을 맺었기에 자기네와는 상관없다고 했다. 나는 주유소장의 직원이라는 것이다. 하지만 주유소장들은 원청 출신인 데다 원청이 담당 주유소를 배정하는 등 독립적인 사업자라고 보기 힘들다. 나는 돈과 노동자로서의 권리 모두를 빼앗겼다."

신혜성(33·남), 은행 경비원
월 210만 원, 중간착취 90만 원

"지인이 '집 근처 은행에 경비 자리가 있다'고 소개해줘 일하게 됐다. 근로계약서를 꼼꼼히 보지 않아 용역업체 소속인 줄도 몰랐다. 은행 부장님이 '한 달에 300만 원씩 주는데 저축은 잘하고 있나'라고 물어봐서 중간에서 월급을 가져가는 용역업체가 있는 줄 알았다. 너무 많이 가져간다는 생각이 들었지만 업계 관행이라고 한다."

임성훈(가명·36·남), 은행 경비원
월급 188만 원, 중간착취 모름

"용역업체는 최저임금이 오르자 식대와 수당을 없앴다. 매년 5일씩 주던 유급 휴가제도도 폐지해 하루 휴가를 쓰면 월급에서 7만 원 정도 뺀다. 일이 있거나 아플 때 돈과 휴가 둘 중 하나를 선택해야 한다."

강지선(가명·39·여), 은행 경비원
월급 191만 원, 중간착취 모름

"월급이 132만 원이던 시절 은행이 내 인건비로 240만 원 지급한다는 걸 알았다. 지금은 얼마를 떼어가는지 모른다. 부당 대우에도 불구하고 용역업체는 '은행원들 말 잘들어'라고만 하고, 하는 일 없이 돈을 가져가는 것이 너무 억울하다."

한재민(가명·46·남), 은행 경비원
월급 220만 원, 중간착취 100만 원(추정)

"2년 전 은행 서무차장이 용역업체 지급명세서를 보여줬다. 320 몇만 원이었다. 그때 내 월급은 190만 원 조금 넘었다. 지금은 최저임금이 올라 용역업체에 돈을 더 많이 줄 것이다. 은행이 동전 포장 등 내 업무가 아닌 일까지 시켜 항의했더니, 용역업체는

'융통성이 없다'며 나를 탓했다.'

이태훈(29·남), 은행 경비원
월급 178만 원, 중간착취 모름

"국책 은행 경비들은 자회사 소속이지만 민간 은행은 용역업체와 계약한다. 용역업체는 경비원 1인당 월평균 50만~100만 원씩 떼어간다고 들었다."

김정혁(가명·40·남), OB맥주 경인직매장 물류노동자
월급 250만 원, 중간착취 모름

"OB맥주가 CJ대한통운에 물류 운송을 위탁했고, CJ대한통운은 물류업체에 재하청을 줬다. 물류업체가 여러 번 바뀌어도 직매장은 같은 노동자들이 계속 운영했다. CJ대한통운과 물류업체는 중간에서 도급비 따먹기만 하는 것이다."

권오철(48·남), OB맥주 경인직매장 물류노동자
월급 270만 원, 중간착취 모름

"OB맥주 경인직매장에서 30년간 일한 사람도 있지만 모두 최저임금에 연장수당만 받고 일했다."

박상철(가명·37·남), 물류센터 근무
시급 9000원, 중간착취 모름

"KT의 2차 하청 비정규직이다. 동료가 임금이 새는 것 같다고 이의 제기를 했는데 업체에서 도급비 등을 공개하지 않았다."

김서연(가명·28·여), 사무직
월 170만 원, 중간착취 60만 원

"구직 사이트의 '대기업 계열사 사무 업무' 채용 정보에는 월급이 230만 원이라고 했는데, 실제로는 170만 원이었다. 파견업체에 물어봤더니 본인들이 가져가는 수수료가 포함된 금액이라고 했다."

이다영(가명·24·여), 사무직
월급 230만 원, 중간착취 48만 원

"파견업체에 물어보니 21퍼센트를 가져간다고 알려줬다. 21퍼센트라는 숫자가 어디

서 어떻게 나오는 건지 알 수 없었다. 그냥 그만큼 떼어간다니까 알겠다고 할 수밖에 없었다."

성정은(가명·25·여), 사무직
월급 90만 원, 중간착취 23만 원

"월 20시간을 일하는 단시간 노동자다. 6개월마다 근로계약을 갱신하는데, 파견회사 수수료가 26퍼센트로 명시된 항목을 봤다. 실수로 공개된 것인지도 모르겠다."

차영신(가명·54·여), 사무직
월급 78만 9000원, 중간착취 5만 원

"파견업체 통해 중견기업에서 주 5.5일, 하루 3시간씩 사무직 아르바이트를 했다. 기업이 책임에서 자유로워지려고 파견직을 쓰는 것 같다."

김미연(가명·27·여), 사무직
월급 162만 원, 중간착취 16만 8000원

"파견직 사무보조로 일하는 친구 대부분이 월 20만 원씩 떼이는 것으로 알고 있다. 20만 원은 큰돈이지만, 이런 방식이 정착된 듯해 어쩔 수 없다."

유혜윤(가명·27·여), 사무직
월급 200만 원, 중간착취 모름

"비서는 24시간 대기라 업무 시간이 지나도 계속 업무 지시를 받는다. 그런데 시간외 근로 수당은 0원이다. 파견직이라 사용회사도 모르는 일이라 하고 파견회사도 나몰라라 한다."

윤지수(가명·25·여), 사무직
월급 176만 원, 중간착취 모름

"남의 집에서 식모살이하는 기분이다. 몸이 아프고 큰일이 생겨도 눈치가 보여 쉴 수 없다는 게 서럽다. 계약서상 연차는 있는데, 알아보니 월급에 연차수당이 포함돼 있다고 한다. 연차를 쓰면 월급이 깎이는 셈이다. 회사에 다른 파견직들도 있는데 사정이 다 비슷하다."

김형탁(가명·61·남), 사무직
월급 200만 원대 초반, 중간착취 14만 원 이상

"용역업체는 원청에서 돈 받아 챙길 것 챙기고 노동자들한테 월급 주는 것 외엔 하는 일이 없다."

박채희(가명·65·여), 청소원
월급 169만 원, 중간착취 모름

"LG트윈타워를 청소하고 받는 월급은 169만 원이다. 최저임금이 인상돼도 3월까지 반영을 안 해줬고 토요일 근무수당도 떼였다. 하청에서 떼어가는 전체 액수는 전혀 모른다. 하청업체 관리자 한 명이 돌아다니며 감시하는 일만 한다. 하청업체가 구광모 LG그룹 회장의 고모가 운영하는 회사라 다 원청인 LG의 봉이다."

신예진(가명·55·여), 건물 청소원
월급 173만 원, 중간착취 모름

"한국거래소를 청소한다. 최저임금보다 많이 받는지 적게 받는지 따져볼 생각조차 안 해봤다. 하청업체가 바뀌면서 유급·보건 휴가, 상여금이 모두 없어졌다. 한국거래소와 새로운 하청업체가 최저임금 기준으로 계약을 맺어서라고 한다."

정서영(가명·65·여), 건물 청소원
월급 173만 원, 중간착취 모름

"한국거래소 건물을 쓸고 닦은 지 15년이다. 업체가 여섯 번 바뀌었는데 늘 최저임금 언저리만 받았다. 청소 용역업체가 가져가는 수수료는 보통 10퍼센트 수준이라고 한다. 정확히 얼마를 가져가는지는 감히 직접 물어보지 못한다."

임미정(63·여), 청소원
일당 10만 원, 중간착취 3만 원

"이사 청소를 한다. 하루에 10만 원을 받는데, 파견업체가 3만 원 정도 가져가는 걸로 알고 있다. 법으로 정해진 게 아니라 때마다 다르다. 일을 잘 못하거나 처음 해보는 사람한테는 5만 원을 떼어가기도 하고, 아는 사람 소개로 왔으면 조금 덜 떼어가기도 하는 등 고무줄이다."

최용일(63 · 남), 청소원
월급 163만 원, 중간착취 모름

"국립해양박물관을 운영하는 을 업체가 있고, 또 을과 계약을 맺고 시설관리를 하는 병 하청업체가 있다. 청소 미화원이나 경비원, 주차관리원들을 데리고 있는 하청업체의 갑질이 말도 못할 정도다. 업무 시간이 끝나고 추가로 청소를 시키면서 돈 대신 피자 몇 판을 시켜주는 걸로 갈음하기도 했다."

정선희(가명 · 40 · 여), 가사도우미
시급 1만1000원, 중간착취 3000원 안팎

"아이들 아빠의 수입이 불안정해져서 청소 서비스 애플리케이션을 통해 가사도우미 일을 시작했다. 4시간 정도 일하면 4만5000원 정도 들어오는데 고객님이 앱에 내는 비용은 5만7000원 정도라고 하더라. 거의 30퍼센트 정도가 수수료라 많이 떼어간다는 생각이 들었다."

신기순(가명 · 53 · 여), 가사 도우미
시급 1만 원, 중간착취 4000원 안팎

"청소하다가 고객의 집 수도꼭지를 고장 냈는데, 회사에서 파손보험을 들어놨다더니 막상 사고가 나자 20만 원 이하는 알아서 물어내야 한대서 난감했다. 돈은 가져가면서 제대로 된 관리는 해주지 않는다."

오태근(53 · 남), 카트 유지보수
월급 210만 원, 중간착취 모름

"인천공항에서 카트를 관리한다. 몸에 파스를 붙여가며 하루 3만 5000보 이상 걷는다. 상시 지속 업무지만, 임대계약 사업장이란 이유로 정규직 전환에서 배제됐다. 다단계 하청 구조 탓에 중간에서 얼마를 가져가는지도 모른다. 연말마다 내년에 또 일할 수 있을지 불안하다."

박선호(가명 · 58 · 남), 주차관리원
월급 180만 원, 중간착취 모름

"대기실이나 다름없는 주차관리 박스가 파손됐는데도 원청에서 아무런 조치를 취하지 않고 하청도 책임지지 않아 겨울철에 덜덜 떨면서 일했다."

이수현(가명·32·남), 자동차 부품 제조
월급 170만 원, 중간착취 17만 원 이상

"원청과 도급계약을 맺은 도급업체에 사람을 파견하는 회사가 따로 있다. 난 이 파견업체 소속이다. 도급사에서 파견회사 소속 노동자까지 포함해 인건비를 청구한다. 파견회사는 기본급은 물론 연장·연차수당, 식대, 퇴직충당금, 4대 보험료 등을 받아놓고 가로챘다. 여기에다 매달 관리비라면서 11퍼센트를 또 가져간다."

박대우(40·남), 자동차 부품 제조
월급 139만 원, 중간착취 23만 원

"파견회사에서 휴가 등을 이유로 일주일에 3일 이하 근무 시 임금을 주지 않는다고 했다. 원청으로부터는 받아놓고 노동자에게는 주지 않는 거다. 명백한 근로기준법 위반이다."

김상욱(가명·42·남), 자동차 부품 제조
월급 73만 원, 중간착취 12만 원

"신종 코로나바이러스로 해외 자재 도입이 어려워지자 공장도 멈췄다. 원청 귀책 사유이기 때문에 휴업수당을 줘야 하지만 안 준다. 도급·파견업체는 원청에 항의하지 않고 일하는 다른 노동자의 임금을 중간착취해 이런 상황에서도 이익을 챙긴다."

뗀 빅또르(가명·27·남), 자동차 부품 제조
월급 150만 원, 중간착취 최소 15만 원

"고려인 3세다. 직업소개소에서는 월 3.3퍼센트를 떼어가겠다고 했다. 4대 보험료, 소득세도 포함해 한 달에 15만 원을 넘게 가져갔다. 알고 보니 4대 보험도 가입하지 않았고, 각종 세금도 전혀 내지 않은 채 착복하고 있었는데, 문제를 삼으니 공장에서는 바로 나가라고 했다. 또 직업소개소에서는 '블랙리스트'에 이름을 올려 앞으로 일을 못 하게 만들겠다는 협박도 일삼았다."

박민현(가명·34·남), 자동차 부품 제조
월급 180만 원, 중간착취 50만 원

"고려인이다. 뗀씨와 같은 파견업체를 통해 같은 공장에서 똑같은 일을 했지만 미등록 이주 노동자라 그런지 다달이 더 많은 돈을 가져갔다. 6개월 동안 떼인 돈만 300만 원이다. 원청에서는 파견업체에 임금을 제대로 줬으니 모르는 일이라며 발을 뺐다. 근로

계약서는 당연히 없고 월급명세서도 따로 받지 않았다. 노동청에 신고했지만, 증거가 없으니 받기 힘들 거라고 한다."

김선일(가명·41·남), 자동차 부품 제조
월급 180만 원, 중간착취 모름

"파견업체에서 자동차 부품 공장에 100명이 넘는 노동자를 보냈다. 근로계약서는 안 썼고 4대 보험은 요구해야만 가입해줬다. 원청에서 달라는 인원만 공장에 넣어놓고 '알아서 다녀라'가 전부였다."

김효수(32·남), 달력 제조
일당 7만 원, 중간착취 3만 원

"원청 사장은 우리한테 '하루에 10만 원이나 받아가면서 농땡이를 피운다'며 계속 빨리 일하라고 채근했다. 파견업체에서 받는 일당은 7만 원이었기에 당황스러웠다."

하윤영(가명·51·여), 도시가스 점검원
월급 190만 원, 중간착취 모름

"6개월 동안 총 5000가구를 점검해야 하는데 안전점검뿐 아니라 고지서 송달, 검침 등의 업무도 있어서 가구당 서너 번 이상 가야 한다. 연차 챙기고 주 52시간 지켜가면서 절대 할 수 없다. 노조 생기기 전의 월급은 120만 원대였다. 노조를 만들고 외부 감사가 온 적이 있는데, 장부를 들여다보더니 복지가 좋은데 왜 시위를 하느냐고 묻더라. 받아본 적 없는 복지다. 중간에서 장부로 '장난질'을 친 거다."

김지숙(가명·54·여), 도시가스 점검원
월급 180만 원, 중간착취 모름

"도시가스 안전점검원으로 16년 일했다. 처음엔 원청의 직접고용 노동자였다. 민영화가 되면서 용역업체 소속으로 바뀌었다. 이 과정에서 월급이 120만 원에서 98만 원으로 줄어들었으나 '당신 아니라도 일할 사람 많다'라는 회사의 태도 때문에 받아들여야 했다."

채준수(가명·40·남), 인터넷 설치 기사
월급 257만 원(세전·영업비 제외), 중간착취 모름

"원청은 LGU+다. 하청업체는 원청에서 받은 임금 인상분을 기사들에게 주지 않는다.

인터넷 개통 수당은 기사에게 56퍼센트를 준다는데 원청에서 받는 100퍼센트가 얼마인지 모르기 때문에 확인할 방법이 없다."

방웅(41·남), 케이블 설치 기사
월급 213만 원, 중간착취 모름

"원청인 SK브로드밴드는 하청을 쥐어짜고, 하청은 또 소속 노동자들을 쥐어짜내는 구조다. 원청에서 고정급을 깎으면 하청에서는 이익을 내기 위해 노동자들에게 돌아가는 실적급(영업 수수료, 지표 인센티브 등)을 줄인다."

양희관(가명·36·남), 폐기물 소각
월급 244만 원(2018년 기준), 중간착취 70여 만 원

"원청은 경기 파주시, 민간 위탁업체 무기계약직이다. 2018년 업체가 산출한 노무비를 보면 '계약금액'이라는 항목에 320만3970원, 바로 옆 항목 '현재 금액'에는 244만 7934원이라고 쓰여 있다. 현재 금액이 당시 내가 받았던 월급이다. 남은 차액의 행방은 알 길이 없다."

박철호(가명·41·남), 폐기물 소각
월급 255만(2018년 기준), 중간착취 65만 원

"파주시에서 네 곳에 공동 도급을 쳤는데, 그중 W건설 소속이다. K환경서비스라는 업체가 다른 위탁업체 소속 직원들을 모두 관리 감독한다. 공동 도급을 주는 이유는 지역 경제를 살리기 위한 것으로 알고 있는데, 실제로는 가장 규모가 큰 K업체가 권한을 다 가지고 있는 셈이다. 중간착취가 K업체와 W업체 양쪽에서 일어나는 건 아닌지 걱정된다. 또 어느 회사에 문제 제기해야 하는지도 의문이다."

김사연(가명·60·여), 대학 건물 청소
월급 180만 원, 중간착취 연 105만 원(2017~2018)

"소속 업체는 원청으로부터 연차휴가 수당을 받고도 지급하지 않았다. 1일 7만 원으로, 총 15일 미지급했다. 노조를 만들어 항의했다. 2019년 소속 업체가 바뀌었고, 미지급금은 없다."

임이자(가명·70·여), 대학 건물 청소
월급 170만 원, 중간착취 모름

"대학과 계약을 맺은 청소업체가 많은데, 내가 속한 업체의 임금이 가장 적었다. 원청은 똑같은 노무비를 지급한 것으로 알고 있다. 노조를 만들어 항의하자 다른 업체 수준으로 맞춰줬다. 노조 가입 이후 연차휴가 수당이 있었다는 것도 알게 됐다. 1년에 60만 원 정도 되는 돈을 몰아서 받았다. 이마저 노조에 가입한 사람만 받았다."

김현숙(가명·67·여), 대학 건물 청소
월급 92만 원(4시간 근무), 중간착취 모름

"다른 업체 직원들은 명절 상여금으로 25만~30만 원 정도를 받았다고 하는데, 나는 여태껏 두 번의 명절 때 각각 5만 원, 15만 원 받은 것이 전부다. 다른 업체 직원들을 통해 노무비를 가늠하지 않고 직접 확인할 수 있으면 좋겠다."

김승학(가명·40·남), 폐기물 수거
월급 380만 원, 중간착취 11만 원 이상

"기초단체가 민간 위탁을 한 업체 소속이다. 위탁업체에서 노동자들의 '밥값'까지 떼어먹은 사실을 알았다. 한 달에 11만 원 안팎인데, 원청에서 준 식대를 위탁업체가 가로챘다. 더 있을 것 같지만 알 방법이 없다."

조성원(가명·52·남), 폐기물 수거
월급 370만 원, 중간착취 30만~40만 원(추정)

"노조를 통해 원청 청주시에서 지급한 돈과 직원들에게 분배하는 돈을 받아봤더니 30만~40만 원 정도의 차액이 발생했다."

양성호(가명·55·남), 폐기물 수거
월급 380여 만 원, 중간착취 모름

"지자체 민간 위탁업체 계약직이다. 노무비를 공개하지 않아서 정확히 얼마를 못 받고 있는지 모르겠다. 심지어 퇴직금으로 얼마가 쌓이고 있는지도 모른다. 또 피복비가 얼마로 책정돼 있는지 몰라 작업복 지급이 제대로 되는 건지 확인을 못 한다. 내가 알기로는 해마다 춘추복·동복, 춘계·동계 작업화 등을 지급해야 하는데 제대로 안 지켜진다. 또 현장 노동자 12명에 대한 노무비를 받고 실제 현장에는 10~11명만 투입시킨다. 남은 한 명은 업체 대표 지인이 현장 노동자로 이름을 올려두는 식이다."

박상원(가명·52·남), 폐기물 수거

월급 270여 만 원, 중간착취 80만~100만 원(추정)

"충북 내 기초단체의 민간 위탁업체 무기계약직이다. 폐기물 수거 업종 임금은 시중노임단가를 적용해서 산출하는 것으로 알고 있다. 일용직 건설 노동자(보통 인부)의 일급은 13만 원 정도인데, 나는 현재 일급 9만1000원 정도를 받는다. 지역 내 다른 업체와 비교하면 월 80만~100만 원 정도 임금 차이가 난다."

서장호(가명·54·남), 하수처리

월급 약 250만 원, 중간착취 125만 원(추정)

"전북의 한 지자체가 원청이다. 경력 10년 이상에 기사자격증을 보유하고 있어, 기계·설비 엔지니어링 노임단가를 적용해 최소 연봉 4500만 원~4700만 원을 받아야 한다. 그런데 초급 기능사(초급 숙련자) 수준의 임금을 받았다. 고창군 등에 알아본 결과 원청은 시중노임단가를 적용해 노무비를 지급했지만 소속 업체가 전용한 것으로 추정된다. 업체 이익 10퍼센트와 관리비 5퍼센트가 이미 책정돼 있음에도 인건비를 착취한 것으로 보인다."

김준섭(가명·48·남), 전자기기 디스플레이 제조

월급 180여 만 원(2015년 주간근무 기준), 중간착취 100여 만 원

"형식상 도급계약이지만 사내 하청(불법 파견)이었다. 2015년 도급계약 당시 1인당 인건비로 277만 원(주간근무 콜드 공정 기준)이 책정됐지만 실제로는 180여 만 원을 수령했다."

안치호(가명·50·남), 전자기기 디스플레이 제조

월급 220여 만 원(2015년 3조 3교대 기준), 중간착취 130여 만 원

"2015년 도급계약 당시 3교대 세정 공정 인건비로 1인당 355만 원이 책정됐지만 실제로는 220여 만 원을 수령했다."

한재휘(가명·44·남), 조선소 노동자

일당 평균 18만 원, 중간착취 일일 3만 원(추정)

"원청에서 하청을 통하지 않고 노동자들에게 직접 발주할 때가 있는데, 다들 좋아한다. 중간에서 떼이지 않으니까. 우리는 이런 일 갈 때 '딸라 벌러 간다'고 한다."

김종석(가명·36·남), 자동차 부품 제조
월급 203만 원(세전), 중간착취 20만 원(추정)

"원청으로부터 받은 직접노무비 중 소수 관리자의 월급을 높게 책정해 현장 노동자들의 월급을 착복하는 것으로 알고 있다."

김명호(가명·31·남), 자동차 부품 제조
월급 215만 원(2018년 기준 세전), 중간착취 110만~200만 원

"현대차 하청업체의 정규직이다. 직접노무비 중 53만~150만 원이 어딘가로 사라졌다. 간접노무비 명목으로 책정된 66만 원도 업체가 그냥 가져갔다."

이성원(가명·30대·남), 자동차 부품 제조
월급 250만 원(2018년 기준 세전), 중간착취 105만 원

"원청은 현대차, 하청업체의 정규직이다. 차액은 관리자 임금으로 지급되는 것으로 추정된다."

신대현(가명·36·남), 자동차 부품 제조
월급 267만 원(2019년 기준), 중간착취 80만 원

"원청과 우리 회사와의 도급계약서상 인건비는 347만 원으로 책정됐다."

심현우(가명·49·남), 자동차 부품 제조
월급 230만 원, 중간착취 모름

"현대차의 2차 하청업체 계약직이다. 18년간 일하면서 소속이 세 번 바뀌었다. 지금이 네 번째 업체다. 바지사장만 계속 바뀌었을 뿐 사업장은 그대로다. 이 과정에서 퇴직금을 못 받은 적도 있고, 임금 체불도 겪었다. 업체를 자주 바꾸는 이유가 이런 돈을 지급하지 않기 위해서라는 의심이 든다."

김철원(가명·48·남), 자동차 부품 제조
월급 270만 원, 중간착취 30만~40만 원(추정)

"현대차의 2차 하청업체 계약직이다. 같은 일을 하는 1차 하청업체 직원들은 월 300만 원을 넘게 받는다. 동일노동의 경우 1·2차 하청을 따지지 않고 비슷한 금액의 인건비를 산출하는 것으로 아는데, 임금 차액이 어디로 갔는지 모르겠다."

백현도(가명 · 40 · 남), 자동차 부품 제조

월급 250만~260만 원, 중간착취 40만~60만 원(추정)

"현대차 2차 하청업체의 무기계약직이다. 원청이 자사 정규직의 80퍼센트 수준으로 인건비를 지급한 것으로 알고 있다. 원청의 정규직 연봉을 6000만~6500만 원으로 잡으면 2차 하청 직원들의 연봉은 4800만 원 수준이어야 하지만 훨씬 못 미친다."

이승호(가명 · 27 · 남), 자동차 부품 제조

월급 200만 원 안팎(세전), 중간착취 연 700만~1000만 원(추정)

"현대차 하청업체 비정규직인데, 하청 정규직에게 지급되는 타결성과금, 일반성과금, 명절상여금 등을 받지 못했다."

김영원(가명 · 43 · 남), 자동차 부품 제조

월급 300만 원, 중간착취 100만 원(추정)

"현대차 상대로 소송 중인데, 중간착취 금액을 유추했다. 1심 법원이 3년 6개월 치 체불 임금을 5000만 원 정도로 판단했다. 1년 1200만 원~1300만 원 이상이다. 원청에서 돈을 적게 줬든, 소속 업체가 다 받고도 직원들에게 지급을 안 했든, 월 100만 원 정도가 사라진 셈이다."

유상호(가명 · 49 · 남), 자동차 부품 제조

월급 250만 원, 중간착취 190만 원(추정)

"원청 현대차를 상대로 근로자지위확인 소송을 진행해 1심에서 승소했고, 3년 치 체불 임금으로 약 7000만 원 판결이 나왔다. 임금을 누구에게 떼인 것인지는 알 수 없다."

김용환(가명 · 33 · 남), 제철소 근무

월급 260만~270만 원, 중간착취 60만 원(추정)

"현대제철 하청업체의 정규직이다. 2019년 현장 노동자 73명 기준 도급비는 월 3억 3000만 원이었다. 간접노무비까지 포함해 1인당 월 450만 원 수준이다. 업계 통상 관리비를 뗀 순수 인건비 지급률은 72~73퍼센트 정도다. 이보다 적은 금액을 받고 있다."

김철민(가명 · 37 · 남), 제철소 근무

월급 300만~340만 원, 중간착취 30만 원

"원청은 현대제철이고, 나는 하청업체 정규직으로 일하고 있다. 2020년 11월 도급비로 9억5000여 만 원이 책정된 것으로 알고 있다. 업계 통상 약 73퍼센트를 인건비로 쓰는 점을 감안하면, 6억9300만 원 정도가 현장 노동자들에게 돌아가야 했다. 이를 현장 직원 197명으로 나누면 1인당 평균 월급은 350만 원이 돼야 하는데, 실제 직원들의 평균 월급은 320만 원 수준이었다. 업체가 중간착취 금액으로만 한 달에 약 6000만 원 정도의 이익을 낸 것이다."

황상엽(가명·45·남), 제철소 정비
월급 220만~300만 원, 중간착취 모름

"예전에는 총 도급비의 73퍼센트는 노동자에게 지급했는데, 2019년 이후 지급률 개념이 사라졌다. 사측에서는 69~70퍼센트 수준이라는데 사실이라 해도 임금 비중이 줄어든 것이다."

이기웅(가명·36·남), 철강 소재 생산
월급 310만~320만 원, 중간착취 40만~50만 원(추정)

"2016년에는 원청 현대제철에서 감사를 해서 지급률이 73퍼센트 밑으로 떨어진 업체는 감점 처리를 했다. 하청업체들은 차액을 성과금 형식으로 돌려줬다. 지급률 기준이 없어지자, 근무 시간과 교대조 편성을 교묘하게 바꿔가면서 임금을 줄이고 있다. 3.5교대 근무 당시 월 360만 원 정도 받았는데 4조 3교대로 바뀌면서 월급이 320만 원으로 줄어들었다."

이상태(가명·36·남), 철강 소재 생산
월급 240만~250만 원, 중간착취 모름

"중간에 얼마를 떼어가는지 알지 못한다. 노사협의회 위원이기도 한데, 사측에 공개를 요구해도 도급비, 이윤, 지출 등을 알려주지 않는다."

김관민(가명·35·남), 제철소 근무
월급 280만~290만 원, 중간착취 200만 원(추정)

"현대제철 하청업체 정규직이지만, 불법 파견으로 인식하고 있다. 회사는 작은데 관리자가 많고, 하청업체 사장들이 가져가는 몫이 크다고 느낀다."

유재영(가명·38·남), 제철소 근무
월급 240만~250만 원, 중간착취 모름

"철강기업 하청업체 정규직으로 근무 중이다. 이 업체 전신이었던 G업체는 원청에서 내려준 노무비를 일단 현장 노동자들 통장으로 보내고, 다시 월 100만 원 정도를 떼어갔다. 지금 업체는 그 정도까지는 아니지만, 투명하게 공개하지 않는다."

손진영(가명·38·남), 제철소 근무
월급 평균 300만 원, 중간착취 모름

"하청업체 정규직이다. 원청 신입사원 초봉과 비교하면 월 250만 원 정도 차이 난다."

심장희(가명·39·남), 제철소 근무
월 250만 원, 중간착취 모름

"현재 회사 대표는 원청의 부장이었는데 퇴직 후 대표로 왔다. 현직 임원 '라인'이어서 아직도 밀어주고 끌어준다."

김유진(가명·34·남), 방송 기술감독
월급 260만 원, 중간착취 모름

"대기업 계열 방송사의 하청업체에서 계약직으로 일하고 있다. 2차 하청이다. 현재 업체는 1차 하청업체와 사실상 같은 회사인데 법인만 따로 낸 곳이다. 중간에서 임금이 두 번 떼인다."

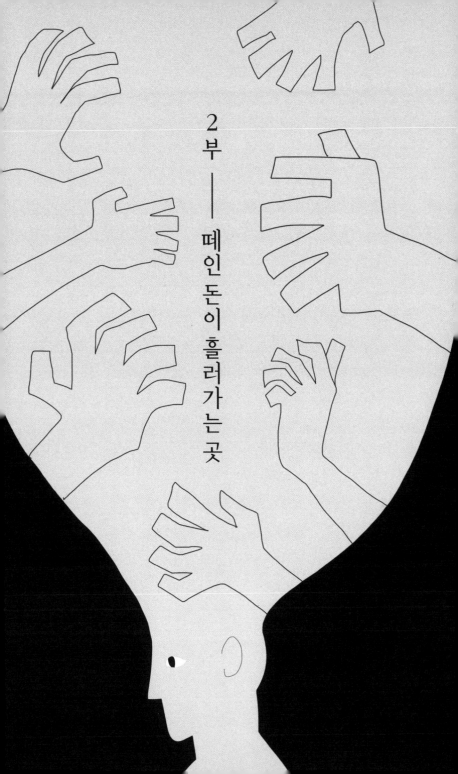

2부 —— 떼인 돈이 흘러가는 곳

1 _____ 용역업체 정규직과 계약직

이승호씨는 전북 전주에 위치한 현대자동차 협력업체에서 1년 8개월째 계약직으로 근무 중이다. 그가 소속된 업체 사장은 승호씨가 계약직이라는 점을 이용해 그에게서만 한 해에 700여 만 원을 가로챘다. 승호씨는 "업체가 본봉에서 중간착취한 돈은 없었다"며 "다만 2020년 타결성과금과 각종 상여금 등을 못 받았다"고 말했다.

승호씨가 말한 타결성과금이란, 현대차가 순이익 중 일부를 원청·협력업체 현장 노동자들에게 지급하는 돈이다. 액수는 해마다 노사 간 교섭을 통해 결정되는데, 승호씨가 소속된 업체 직원들은 2020년 1인당 300여 만 원의 타결성과금을 받을 수 있었다. 그러나 승호씨를 포함한 계약직 직원 7명은 이 돈을 한 푼도 받지 못했다.

승호씨는 20대 중반에 이 회사에 입사했다. 나이가 어린 편이었고, 사회 경험도 많지 않았다. 그 때문인지 그는 입사 초기에 타결성과금이 있다는 사실도, 본인이 이 돈을 받지 못했다는 것도 몰랐다고 했다. 더 정확히 말하면, 그는 자신의 사연을 들려주면서도 여전히 왜 이런 일이 발생했는지, 어떻게 문제를 해결해야 하는지 잘 모르는 눈치였다. 질문에 대부분 단답형으로 대답할 정도로 말을 아끼는 성격이기도 했다. 보다 못한 승호씨의 회사 선배가 나서서 정확한 상황을 설명해줬다.

"왜 이런 일이 발생했는지 이해하려면 우선 원청이 협력업체에 타결성과금을 어떻게 지급하는지부터 알아야 해요. 당연한 얘기지만 원청이 직원 개개인의 통장에 직접 송금하는 시스템이 아니에요. 원청은 협력업체 직원 머릿수에 맞춰서 일괄적으로 돈을 보내줘요. 예를 들어 우리 회사에는 23명의 직원이 있으니, 원청으로부터 받은 타결성과금은 23명×300여 만 원, 즉 6900만 원 정도였을 거예요. 원칙대로라면 협력업체 사장은 이 돈을 자사 직원들에게 똑같이 나눠줘야 됩니다. 그런데 사장이 계약직들에게는 이걸 주지 않고 본인 주머니로 들어가게 한 거죠." 그의 말대로라면 이 회사 사장은 자사 계약직 직원 7명의 타결성과금 2100여 만 원을 가로챈 셈이다.

이 수법이 더욱 악랄하게 느껴지는 이유는 자사 직원의 불안한 신분을 이용하고 있기 때문이다. 계약직 직원들은 향후 재계약 문제가 걸려 있는 탓에 부당한 일을 당해도 큰 목소리를 내기 힘들다. 협력업체 직원들 중에서도 '최약체'에 속한다. 이 때문에 업계에서는 협력사 대표들이 정원 중 일부를 일부러 계약직으로 고용한다는 소문이 돌 정도다.

이 업체 사장의 중간착취는 여기서 끝나지 않았다. 사장은 각종 상여금과 휴가비도 일부만 지급하거나 아예 지급하지 않았다. 승호씨도 이 부분은 정확하게 인지하고 있었다. "정규직 직원들은 명절 상여금으로 30만 원을 받았어요. 그런데 계약직 직원들에게는 10만 원씩만 주더라고요. 이 정도는 '좀 치사하다' 하고 넘어갈 정도의 액수이긴 해요. 그런데 정규직 직원들은 본봉의 200퍼센트에 해당되는 금액을 상여금으로 받았어요. 370만 원 정도 될 거예요. 계약직 직원들은 이 돈도 못 받았어요."

승호씨는 이 같은 사실을 입사 1년이 지나서야 알게 됐다고 했다. 회사에 이와 관련된 얘기를 조심스럽게 꺼냈지만, "나중에 챙겨주겠다"는 기약 없는 대답만 돌아왔다. 정확한 지급 액수도, 지급일도 알려주지 않았다.

대화가 여기까지 진행되자 정규직으로 근무 중인 한 선배가 답답함을 호소했다. 회사가 아니라 승호씨를 비롯한 계약직 직원들을 향해서였다. 그는 "이 친구들(계약직 직원들)이 적극적으로 문제제기를 하지 않았어요. 사실 어린 나이에 직접 회사를 상대로 말하기가 쉽지는 않았겠죠. 회사가 계약직으로 어린 친구들을 고용하는 것은 바로 그 점을 노린 거기도 하고요. 그래서 노조에 가입하라고 말하는데도 가입을 안 해요. 답답한 노릇이죠."

나무라는 말투 속에 후배를 위하는 진심이 느껴졌다. 선배 직원의 지적이 틀린 것은 아니지만, 말을 아끼는 승호씨의 심정도 이해는 갔다. 기자생활을 하면서 '노조에 가입하는 순간 재계약이 날아가버렸다'는 비정규직들의 절규를 숱하게 들어왔기 때문이다. 만약 내 생각처럼 재계약에 대한 불안감이 승호씨의 입을 닫게 한 요인이라면, 이 업체 사장의 계약직 채용은 '신의 한 수'라 할 만했다.

2 _____ 월급 줬다 빼앗기

날로 교묘해지는 중간착취 수법을 찾아내 그 세부 내용을 정확히 파악하는 것은 쉬운 일이 아니었다. 나는 볼펜 한 자루 만들어본 적 없는 책상물림인 탓에, 현장에서 시시각각 탄생과 변이를 거듭하는 중간착취 수법을 도무지 따라잡을 수 없었다. 승호씨의 입을 통해 실제 사례를 건네 들었던 것처럼, 노동자들로부터 사장들의 번뜩이는 아이디어 중 일부를 전해 듣는 것이 고작이었다. 취재 중에 만난 노동자들의 이야기를 종합해보면, 중간착취 수법은 뻔뻔함과 참신함, 그리고 쪼잔함 사이의 어딘가에서 태동했다. 그리고 이 같은 수법을 통해 생겨난 중간착취금은 하청업체 사장들의 주머니 속에 차곡차곡 쌓였다.

　직접적으로 임금의 일부를 빼돌린 사례도 있었다. 유재영씨는

2012년 한 철강기업의 하청업체에 입사했다. 서른 살을 코앞에 둔 시점이었다. 이제 자리를 잡아야 할 나이라고 생각했던 그는, 이 업체에서 경험을 쌓으며 돈을 모을 계획이었다. 나름의 기대를 안고 현장을 찾았지만, 그의 기대가 우려로 바뀌는 데에는 채 한 달이 걸리지 않았다.

이 업체 사장은 중간착취에 있어서만큼은 좌고우면하지 않는 인물이었다. 재영씨는 입사 초기의 상황을 최대한 상세히 설명해줬다. "첫 월급날이었어요. 나이 많은 선배들이 통장에 들어온 월급 중 일부를 현금으로 회사에 돌려주더라고요. 그게 의아해서 선배들한테 무슨 상황인지 물어봤죠."

이 업체는 직원들에게 급여를 지급했다가 일부를 다시 현금으로 갈취하는 수법으로 중간착취를 하고 있었다. "예를 들어 세후 350만 원의 월급 중 80만 원을 토해내는 식이었어요. 선배들의 이야기를 종합해보니 적게는 30만 원, 많게는 90만 원을 회사에 돌려주고 있더라고요." 이 업체가 이처럼 황당한 수법을 쓴 이유는 간단했다. 도급비가 직원들에게 적정하게 지급됐다는 사실을 통장 기록에 남기기 위해서였다.

재영씨는 당시 이 같은 착취를 당하지는 않았다. "이걸 다행이라고 해도 될지 모르겠는데…… 제가 신입이어서 그랬는지 저한테까지 돈을 뱉어내라고 하지는 않았어요. 그런데 꽤 많은 선배가 근로계약을 하면서 이 조건에 구두로 합의해줬다고 하더라고요. 그

건 이런 일이 사전에 공공연하게 벌어지고 있었다는 소리잖아요. 이 업계에서 오래 일해온 사람들한테는 그게 일종의 관행처럼 굳어졌던 거예요."

이 같은 악습은 2014년까지 이어졌다. 참다 못한 직원들이 노조에 가입하는 등 집단행동에 나선 뒤에야 '월급 줬다 빼앗기' 관행은 사라졌다. 악습이 모습을 감춘 것은 다행이지만, 그 내막을 들여다보면 다소 엉뚱한 감이 있다.

예를 들어 기존에는 회사가 직원에게 350만 원을 선지급한 뒤 80만 원을 돌려받았다면, 이제는 애초에 270만 원만 지급하는 식으로 근로계약서가 변경됐다. 원청으로부터 받은 도급비는 그대로였기 때문에, 중간착취는 형태만 바뀐 채 여전히 존재했던 셈이다. '줬다 빼앗는' 방식은 사라졌지만, 그렇다고 직원들이 도급비를 정당하게 받고 있다고 하기에도 애매한 결말이었다.

이에 대한 업체의 논리는 간단했다. '원청으로부터 받은 도급비를 어떻게 분배하는지는 전적으로 도급업체의 권한이고, 인건비는 이제 근로계약서에 쓰인 대로 모두 주고 있으니 문제 될 부분이 없다'는 것이었다.

잡음이 끊이지 않자 원청은 이 업체와 재계약을 하지 않았다. 대신 새로운 회사와 도급계약을 맺었고, 재영씨와 동료들은 모두 새 업체로 소속이 변경됐다. 그러나 한 번 내려간 월급은 지금까지도 완전하게 회복되지 않았다. 그는 현재 월 240여 만 원을 받으며 일하고 있다. "착실하게 일해서 평범하게 살아보려고 이 일을 택했어요. 보통 나이 서른 살이면 안정된 직장, 행복한 가정, 뭐 이런 걸 꿈꾸잖아요. 제가 엄청나게 큰 욕심을 부린 건 아니라고 생각해요." 재영씨의 말에는 회한이 녹아 있었다. 서른을 앞두고 소박한 삶을 꿈꿨던 청년은 9년간 자신의 선택을 후회하며 살아왔는지도 모른다. 재영씨가 자신의 잘못도 아닌 일로 속앓이를 하는 사이, 어느덧 그의 30대는 끝나가고 있다.

3 _____ 건강, 안전보다 중요한 것

노동의 대가를 가로채는 수법이 아닌, 장비나 물품 구매 비용을 줄여 이득을 챙기는 하청업체도 있었다. 김희원씨는 2015년부터 전북 전주의 현대자동차 협력업체 소속으로 근무하고 있다. 그가 맡은 업무는 엔진 소재 설비를 유지·보수하는 일이다. "이 일을 하다 보면 항상 유리 가루와 철이 섞인 분진에 노출돼요. 그래서 꼭 마스크를 써야 해요. 안 그러면 분진을 그대로 마시게 되거든요."

희원씨는 입사 이후 소속 업체로부터 마스크를 받아왔다. 성능이 비교적 뛰어나다고 평가받는 3M 마스크였다. 그런데 2020년 4월 지급 마스크 브랜드가 바뀌었다. "사실 노동자들 입장에서는 성능만 똑같다면 브랜드는 큰 상관이 없잖아요. 그런데 새 마스크는 성능이 좋지 않아서 이걸 써도 분진을 그대로 마시게 되더라고요.

건강이 염려되고 업무 진행에도 차질이 생겨서 회사에 예전 마스크로 바꿔달라고 요청했어요. 그랬더니 신종 코로나바이러스 감염증 때문에 3M 마스크 수요가 엄청 늘었대요. 그래서 기존 마스크를 구하기 힘들다고 하더라고요."

업체 해명이 어딘가 석연치 않다고 느낀 희원씨와 동료들은 직접 인터넷을 뒤졌다. 판매 사이트 곳곳에 기존에 사용하던 3M 마스크가 올라와 있었다. "처음에는 황당했죠. 이렇게 쉽게 찾을 수 있는데 왜 구할 수 없다고 한 건지 이해가 안 갔어요. 그러다 가격을 보니 그 이유를 알겠더라고요. 기존에 쓰던 3M 마스크는 한 장에 1400원이었고, 새로 지급받은 마스크는 700원대였어요. 값이 두 배 차이가 나는 거죠. 코로나19를 핑계로 업체가 이익을 남기려는 건 아닌지 의심이 가더라고요."

이 업체는 원청과 도급계약을 맺으면서 안전장비·피복 구매비 명목으로 일정 금액을 받았다. 그리고 이 돈으로 작업복, 안전화, 마스크 등을 사서 노동자들에게 지급해왔다. 이를 거꾸로 말하면 마스크를 저렴한 제품으로 변경해 발생한 차익은 협력업체의 추가이익이 된다는 소리다. 희원씨의 의심은 점점 커졌다. "회사에 '온라인 몰에 3M 마스크를 파는 곳이 있다'고 알려줬어요. 그런데 그 온라인 몰은 우리 회사 거래처가 아니어서 거기서 마스크를 구매할 수 없다고 하더라고요. 직원들이 죄다 분진을 마셔가며 일하고 있는데 거래처냐 아니냐를 따질 때가 아니잖아요. 돈을 아끼려는 거

현대자동차 전주 공장에서 일하는 한 하청업체 노동자가 얼굴에 분진을 뒤집어쓴 모습. 이 업체는 신종 코로나바이러스 감염증(코로나19)으로 인해 기존에 사용하던 3M 마스크 수급이 어려워졌다며 직원들에게 저가의 마스크를 지급했다.

라고 생각할 수밖에 없었어요."

대쪽 같던 사측의 태도는 2020년 11월 갑자기 변했다. 다시 3M 마스크를 지급하기 시작한 것이다. 언론 보도 덕분이었다. 당시 수많은 언론이 이 업체 직원들이 겪고 있는 부당함을 기사화했다. 희원씨 동료의 사진도 함께 실렸다. 마스크를 썼음에도 얼굴에 시커먼 분진을 뒤집어쓰고 있던 모습이었다. 그는 "언론에 사진 한 장 실리니까 바로 마스크를 바꿔주더라"며 허탈해했다.

희원씨는 이 일을 통해 그동안 업체가 피복이나 안전장비 구매비의 일부를 꾸준히 착복해왔다는 것을 확신하게 됐다고 했다. "턱끈이 끊어진 안전모, 낡은 작업복 등을 바꿔달라고 회사에 여러 번 요청했습니다. 그때마다 회사는 '돈이 없다' '원청이 못 해준다고 한다'는 말만 되풀이했어요. 그런데 이번에 기사가 나오니까 부랴부랴 새 제품을 사주는 거예요. 심지어 집진기(먼지를 모아 제거하는 장치)도 새것으로 바꿔주더라고요. 안전장비나 피복 구매 비용 중 남은 돈이 있었다는 뜻이잖아요. 그동안 못 해준 게 아니라 안 해준 거였어요."

희원씨와 대화를 마치고 나니 착잡한 기분이 들었다. 자본주의의 최고 가치가 이윤 창출이라고는 하지만, 노동자들의 건강과 안전을 위협하면서까지 돈을 벌어야 하나 싶었다. 그런데 취재를 하다보니 자본주의의 이런 철칙을 엄격히 지키는(?) 업체는 한둘이 아니었다.

충북 소재 기초자치단체와 민간 위탁 계약을 맺은 한 폐기물 수집 운반업체도 그중 하나였다. 이 업체 소속 직원들은 최근 피복을 제대로 지급받지 못했다고 말했다. 이 업체에서 4년째 일하고 있는 양성호씨는 "정확한 정보는 아니고, 다른 업체와 비교해본 결과치"라는 점을 강조했다. "충북 지역의 다른 업체에서 근무하는 동료들을 보면, 매년 신발(안전화)을 봄과 겨울에 한 켤레씩 받더라고요. 작업복도 춘추복과 동복을 새로 받기도 하고요. 그런데 저는 최근 2년간 안전화 한 켤레만 받았고, 작업복은 받은 적이 없어요. 그렇다보니 직원들 사이에서 사장이 피복비를 빼돌리고 있다는 얘기까지 도는 거죠."

폐기물수거 업종에서 안전화, 작업복 등은 노동자들의 안전과 직결된다. "폐기물을 수거하는 데 안전화가 왜 필요하냐고 물을 수도 있어요. 그런데 우리는 하루에 수십, 수백 번씩 수거 차량을 오르락내리락하잖아요. 그러다보면 신발 밑창이 일반 신발보다 빨리 닳아요. 이 상태에서 작업을 하다보면 자주 미끄러져요. 특히 비 오는 날은 더 심하죠. 차량에서 추락하는 경우도 있어요. 그래서 안전화는 밑창이 마모되면 바로 바꿔줘야 돼요. 방치했다가 큰 사고로 이어지기도 하거든요. 원청이 1년에 두 번 정도 안전화를 새로 사라고 돈을 주는 이유가 바로 이런 안전사고를 예방하기 위해서인데 우리 회사는 2, 3년에 한 켤레씩 사주고 있어요."

안전장갑도 필수품 중 하나다. "쓰레기를 수거하면서 가장 많이 발생하는 사고가 유리에 베이거나 뾰족한 폐기물에 찔리는 일이에요. 아무리 조심한다고 해도 어두운 곳에서 바쁘게 작업하다보면 위험한 물건을 못 볼 때가 많거든요. 그런데 우리 회사는 안전장갑을 새로 사준 적이 없어요. 보통 차량에 비치된 걸 쓰는데, 하도 냄새가 나고 축축해서 그냥 제 돈 주고 새로 사서 써요. 장갑은 진짜로 회사가 사줘야 하는 게 맞긴 한 건지, 그렇다면 얼마 만에 바꿔줘야 하는 건지, 옷이나 신발 지급 주기는 왜 타업체와 다른 건지 궁금한 게 많은데 일반 직원들이 이런 걸 알 길이 있나요, 어디."

그는 여기까지 말한 뒤 꽤 오래 침묵했다. 한참 후에야 입을 연 성호씨는 "몇 번 회사에 이 일로 문의한 적이 있는데 그때 일이 떠올랐다"며 "정확한 정보를 알아낼 수 없었던 현실이 나를 더 비참하게 만들었다"고 말했다. "피복비라는 건 어쨌든 직원이 있어야 나오는 돈이잖아요. 그렇다면 이 돈이 옷이나 안전용품을 구매하는 데 제대로 쓰였는지를 직원들이 확인해볼 수 있어야죠. 그런데 아무리 물어봐도 회사는 이 정보를 안 알려줘요. 그냥 '다 알아서 챙겨주고 있다'는 말만 반복할 뿐이에요. 지역의 다른 업체 동료들이 지급받은 피복이나 안전용품과 비교해서 물어보면, '그 회사가 그렇게 좋으면 그쪽으로 가세요'라는 식으로 말해요. 이건 저를 대화상대로 생각조차 않는다는 거잖아요."

성호씨와 대화를 마친 후 몇 군데에 전화를 돌렸다. 피복비 미지급으로 이 회사에 얼마만큼의 잉여금이 발생했는지 알아보려는 시도였다. 그러나 결국 정확한 액수를 알아내지는 못했다. 시와 업체 모두 용역계약서를 공개하지 않고 있기 때문이다. 정보공개청구를 할까 고민도 해봤지만, 이는 시간이 많이 걸리는 방법이었다. 그마저 제대로 된 계약서를 내놓을지 의문이었다. 효율성이 떨어진다고 판단했다.

대신 한 노동계 인사로부터 피복비 계산에 참고할 만한 자료를 받았다. 울산의 한 하청사가 2019년 2월 작성한 협상 내용 보고서를 보면, 이 회사는 원청으로부터 해당 월에 피복비와 안전용품비로 직원 1인당 1만8000원 정도를 받았다. 또 다른 노동계 인사와 타지역 현장 노동자들이 제공한 자료들도 이 보고서에 적힌 액수와 크게 다르지 않았다. 업종별·지역별 차이는 있었지만, 통상 직원 1인에게 1만5000~2만5000원의 피복비와 안전용품비가 책정됐다.

대단한 정보는 아니지만, 성호씨와 이를 공유하면 좋겠다는 생각이 들었다. 그가 대략의 수치라도 알게 된다면 "정보를 알아낼 수 없어 비참하다"던 마음이 조금은 풀릴 수 있지 않을까. 그러나 결국 그에게 이 정보를 전하지는 않았다. 성호씨 회사의 피복비를 알아낸 것도 아니고, 그가 먼저 부탁한 것도 아닌데 굳이 추가 정보를 알아내 전달한다는 게 왠지 주제넘은 짓이라는 생각이 들었기 때문이다. 그런데 얼마 뒤 성호씨가 전화를 걸어와 "정보공개청구를 했다"며 "답변을 받으면 피복비가 얼마로 책정됐는지 알려주겠다"고 했다. 성호씨는 나보다 훨씬 더 열성적인 노동자였다.

4 _____ '이중 착취' 기술

취재를 할수록 피복비를 착취당한 사례가 숱하게 쌓여갔다. 나한 테도 일종의 내성이 생겼는지, 피복비 착취는 어느새 식상하다고 느껴질 정도였다. 이때쯤 좀더 획기적인 중간착취 수법을 전해 들었다.

대기업 계열 방송사의 한 하청업체는 '2차 하청사 설립'이라는 방식으로 '이중 착취'를 하고 있었다. 이 업체에서 계약직 기술감독으로 일하는 김유진씨는 2018년 8월 이 회사에 경력직으로 입사했다. 기존에는 케이블TV의 한 방송사에서 근무했었다. "예전 직장에서는 정규직이었는데, 사실 말이 정규직이지 처우가 너무 안 좋았어요. 그래서 이직을 고민하던 차에 대기업 계열 방송사에 자리가 났다는 소식이 들렸어요. 아무래도 대기업이면 조건이 좋지 않을까 싶어 바로 지원했죠. 그런데 알고 보니 직고용이 아니라 하청업체 소속이 되는 거더라고요. 2년 계약직이고요. 그럼에도 전 직장보다 처우가 좋았어요. 그래서 뒤도 안 돌아보고 이직하게 됐죠."

유진씨는 새 회사에서 매달 260만 원(세후)을 손에 쥘 수 있었다. 그는 "이만하면 만족할 만한 금액"이라고 말했다. 심지어 입사 직후부터 중간착취의 정황이 보였지만, 유진씨는 굳이 이를 들춰내려 하지 않았다. 본인의 표현대로 "매사에 심각하게 생각하지 않는" 둥글둥글한 성격 때문이었다. "직고용된 같은 연차 동료들에 비해 월급이 적다는 건 알고 있었지만 크게 개의치 않았어요. 원래 원청과 하청업체 직원들은 월급 차이가 나잖아요. 비일비재한 일이다 보니 그러려니 했죠. 또 회사에 따진다고 해서 뭔가가 바뀌는 게 아니기도 하고요. 원청에서 애초에 돈을 조금 내려준 건지, 아니면 우리 회사가 중간에 (노무비의) 얼마만큼을 떼어가는 건지, 뭐 이런 기본적인 정보조차 알 수 없잖아요. 어차피 어느 정도 감안하고 입사한 거라 깊게 생각하지 않았어요. 저한테 중요한 건 이전 직장과 비교해 월급이 올랐다는 것, 그리고 대기업 계열 방송사에서 경력을 쌓을 수 있다는 것, 두 가지뿐이었어요. 이것만 충족되면 다른 건 아무래도 좋았어요."

이처럼 무던한 성격임에도, 유진씨는 재계약 과정에서 겪은 일에 대해서는 "해도 해도 너무한 것 같다"고 말했다. "2020년 6월경 재계약 시점을 앞두고 사장이 (하청업체) 사무실로 불렀어요. 가보니까 기존 업체 이름이 아닌 새로운 회사의 상호가 쓰인 근로계약서를 내밀더라고요. 하청업체가 이름을 바꾸는 경우는 많아요. 한 회사에서 2년 이상 근무하면 정규직으로 전환해줘야 하니까 위장 폐업을 하고 새로운 회사를 차리는 식이죠. 여기까지야 워낙 흔한 일이라 대수롭지 않게 생각했어요. 또 제 입장에서는 대기업 계열 방송사에서 근무했다는 실제 이력이 중요하지 하청업체 이름은 큰 의미가 없거든요. 그래서 2년만 더 이 업체 소속으로 있어보자는 생각으로 사장이 제시한 근로계약서에 서명했죠."

그러나 유진씨는 얼마 지나지 않아 이상한 점을 발견했다. "원래 제가 몸담고 있던 회사가 없어진 게 아니었어요. 그 회사는 1차 하청으로 그대로 남고, 우리 회사 사장이 2차 하청업체를 새롭게 차린 거더라고요. 알아보니까 두 회사는 법인명만 다르지 사실상 같은 회사였어요. 1차 하청이 된 옛 회사에는 우리 회사 사장 지인이 대표로 등재됐어요. 이름만 빌려준 거죠."

그는 사장이 굳이 2차 하청을 세운 이유에 대해 "이익을 극대화하기 위해서"라고 주장했다. "회사를 1차 하청과 2차 하청으로 쪼개면, 원청으로부터 받은 노무비 중 일부를 1차 하청이 우선 가져가고, 2차 하청이 남은 금액 중 일부를 한 번 더 뗄 수 있는 구조가 돼요. 결과적으로 저나 동료들의 임금이 두 번 착취당하는 셈이죠. 원래 위장 폐업은 기껏해야 정규직 전환을 안 해주려고 벌이는 일이잖아요. 그런데 우리 사장은 여기서 한발 더 나아가 이중 착취가 가능한 새로운 아이디어를 낸 거예요. 두 마리 토끼를 다 잡은 거죠. 그래서 저나 동료들은 영화 「기생충」 대사에 빗대 '우리 사장은 다 계획이 있구나'라고 말해요."

5 _____ 있는 줄도 몰랐던 연차수당

유진씨가 이중 착취를 당한 것은 정보 비대칭 때문이었다. 그는 사장이 새로 세운 회사가 2차 하청업체라는 사실을 알지 못했다. 4년째 서울 소재 한 대학의 청소노동자로 일하고 있는 임이자씨의 사연도 이와 비슷했다. 갑과 을 사이의 정보 격차가 중간착취로 이어진 것이다.

임씨는 2020년 노조에 가입한 직후 회사로부터 임금 외 수당으로 60만 원을 받았다. 월급 170여 만 원을 받는 그에게는 꽤 큰 액수였다. "깜짝 놀랐죠. 처음에는 돈이 잘못 들어온 줄 알고 다시 돌려줘야 하나 싶었어요. 무슨 돈인지 확인해보려고 송금 내역을 살펴봤는데, 내용을 알고 나니까 진짜 기도 안 차더라고요."

임씨는 "당연히 받았어야 하지만 여태껏 받지 못했던 돈의 일부였다"고 설명했다. "확인해보니 바로 전해의 연차수당이 들어온 거더라고요. 평생 바깥일을 해본 적이 없어서 그런 게 있는 줄도 몰랐어요. 저는 환갑이 넘어서 처음 일을 시작했는데, 그저 나이 먹은 사람을 받아줘서 참 고맙다고만 생각했죠. 심지어 연차휴가라는 게 있는 줄도 몰랐어요. 관리자가 조별로 근무 스케줄을 짜주면 별생각 없이 그 스케줄에 맞춰서 일했죠. 출근하라면 하고 쉬라면 쉬었어요. 그런데 알고 보니까 우리 회사에도 연차휴가라는 게 있고 휴가를 안 가면 수당이 나오더라고요."

당연한 얘기지만, 임씨가 받은 연차수당 60만 원은 연 단위로 발생하는 금액이다. 이를 월 단위로 나누면 한 달에 5만 원밖에 안 되는 돈이다. 그가 속한 업체 대표는 본인 회사에 돈을 벌어다주는 직원에게 월 5만 원 상당의 수당을 지급하는 것마저 아까워했다. 처음 임씨의 이야기를 듣고 '자사 직원에게 굳이 이렇게까지 박하게 굴 필요가 있을까' 싶었다. 그러나 이는 세상 물정 모르는 책상물림의 단순한 생각이었다.

이 업체에는 총 45명의 노동자가 속해 있다. 사장 입장에서는 연차수당 미지급으로 인해 발생하는 추가 이익이 연간 2700만 원에 달하는 것이다. "이건 2020년 한 해에 발생한 연차수당만 계산한 금액이에요. 이전에 사장이 빼돌린 미지급금은 정산은커녕 아직 그 규모도 제대로 파악이 안 된 걸로 알고 있어요. 노조에서 직접 압박을 가하기도 하고, 지방노동청에 신고도 했다는데, 사장이 자료를 잘 안 내놓나보더라고요."

2020년 연차수당 미지급금도 전부 되돌려준 게 아니다. "사장은 노조에 가입한 22명에게만 미지급금을 돌려줬어요. 비노조원 23명의 2020년 연차수당 1380만 원은 아직 사장 주머니 속에 들어 있는 거죠. 그래서 요즘에는 사무실을 자주 찾아가요. 비노조원들 연차수당을 빨리 돌려주라고 닦달도 하고, 2020년 이전에 발생한 미지급금도 뱉어내라고 따지고 있어요. 그런데 사장 얼굴은 한 번도 못 봤고, 애먼 사무실 직원들하고만 실랑이를 벌이고 있네요."

임씨는 사무실 방문을 두고 "사실 효율성이 떨어지는 일"이라고 말했다. "어떻게 보면 한 달에 5만 원 정도 되는 돈을 받아내려고 하는 건데, 사무실에 찾아갈 시간에 차라리 다른 아르바이트를 한다면 한 달에 5만 원보다는 더 많이 벌 거예요. 또 체력적으로도 힘들어요. 하루 종일 청소하고 나면 몸이 녹초가 되거든요. 그 몸을 끌고 다시 사무실에 가서 이것저것 따져 묻는 것도 보통 고된 일이 아니에요. 여러모로 비효율적인 거죠. 그러니 사무실 찾아가는 걸 이제 그만둬야 하나 싶기도 해요." 임씨는 흔들리고 있었다.

이 업체 사장이 얼굴 한 번 비치지 않은 채 시간을 끌고 있는 것도 바로 이 점을 노린 것이다. 월 5만 원이라는 돈은 장시간의 수고로움을 감내하면서까지 받아내기에는 애매한 금액이라는 것을 업체 사장은 누구보다 더 잘 알고 있다. 그는 이 애매함을 이용해 '티끌 모아 태산'의 철학을 실현하고 있다.

6 _____ '유령'이 떠도는 곳

충북의 한 폐기물수거 업체에서 11년째 일하고 있는 박상원씨는
월 270여 만 원(세후)을 받는다. 그런데 이는 충북 소재 다른 업체
에 비해 월 80만~100만 원이 적은 액수다. 그는 "근무 10년 차에
이르러서야 이 사실을 알게 됐다"며 "처음에는 화가 나기보다 이런
임금 차이가 왜 발생하는지 그 이유가 궁금했다"고 말했다.

"뭔가 그럴 만한 사정이 있겠거니 생각했어요. 그래서 사장한테
단도직입적으로 물어봤죠. 그랬더니 그렇게 월급을 많이 주는 업
체가 어디 있냐면서 팔짝 뛰더라고요. 그 후 1년 동안 다른 업체들
의 직원 규모, 노동자들의 임금, 근무 형태, 근무 시간 등을 싹 다
모았어요."

상원씨는 이를 통해 업계의 통상적인 노무비(인건비)를 어느 정

도 유추해낼 수 있었다. "우리 회사가 받은 용역비를 정확히 아는 건 아니니까 자세한 수치는 모르지만, 그래도 회사가 법으로 정해진 시중노임단가(일당 13만 원)를 제대로 지급하지 않고 있고, 퇴직적립금을 빼돌리고 있다는 건 얼추 알게 됐어요. 사장에게 다시 가서 따졌죠."

상원씨가 수집한 자료를 내밀자, 강경했던 사장의 태도가 변했다. "처음과 달리 저한테 회사 상황을 하나하나 설명해가면서 이해해달라는 식으로 말하더라고요. 사장이 '노무비가 적게 책정된 건 관리비가 많이 들기 때문'이라며 그 용처를 저한테 보여줬어요. 근데 이걸 자세히 보니까 뭔가 이상하더라고요. 사장은 노무비뿐만 아니라 관리비에서도 교묘하게 돈을 남기고 있었어요."

상원씨는 사장이 '유령 관리자'를 내세워 용역비를 빼돌리고 있다고 말했다. "사장이 보여준 서류상에는 분명 부장이라는 직책이 있는데, 실제로는 없는 자리예요. 그냥 직책명만 만들어서 아무 이름이나 올려놓은 거죠. 나중에 확인해보니 이 직책에 이름을 올린 사람은 사장의 조카더라고요. 더 웃긴 건 이 사람 급여가 제 월급보다 150만 원이나 더 많다는 점이에요. 쉽게 말해서 사장은 존재하지 않는 관리자의 급여로 월 400여 만 원의 추가 이익을 챙기고 있는 셈이죠."

그는 다소 흥분한 상태로 말을 이어갔다. "제 임금을 시중노임단가보다 적게 주고 퇴직적립금을 빼돌린 건, 표현이 좀 이상하긴

하지만, 그나마 '투명한' 중간착취 금액입니다. 내가 받아야 할 돈을 못 받은 거니까 제가 주체적으로 문제 제기를 할 수도 있고요. 그런데 유령 직원 월급처럼 '숨겨진' 중간착취 금액은 찾아내기도 힘들고, 알아낸다 한들 문제 제기를 할 수 있는 건지도 애매해요."

상원씨의 이야기를 듣고 고민이 생겼다. 이 업체 대표가 원청으로부터 받은 용역비의 일부를 부당하게 착복한 것은 맞지만, 이를 상원씨의 표현처럼 '숨겨진 중간착취'로 볼 수 있는지 판단이 서질 않았다. 직원들의 몫을 가로챈 것은 아니었기 때문이다. 그러나 상원씨의 입장은 단호했다. "어차피 업체가 (원청으로부터) 받는 금액은 정해져 있잖아요. 유령 관리자를 없애면 그 직책에 책정된 급여분만큼 현장 노동자들의 임금을 올릴 수 있겠죠. 혹은 현장 노동자를 더 고용할 수도 있어요. 그러면 그만큼 업무 강도가 줄어들 겁니다. '유령 관리자 등재'는 간접적인 중간착취라고 봐요."

일리 있는 지적이었다. 그는 추가로 조언을 건넸다. "노동자들의 시각에서만 중간착취를 바라보면 노동자들이 받아야 할 돈이나 장비를 못 받은 사례만 나올 겁니다. 그런데 사장 입장에서 이 문제를 따져보면 원청으로부터 받은 돈 중 얼마를 어떻게 빼돌리는지도 포함시킬 수 있어요. 노동자들에게 돌아가야 할 몫을 챙기고 있는 거니까 결국에는 다 중간착취의 일종이에요."

상원씨의 말이 시야를 넓혀줬다. 그래서 노동자들이 착취'당하는' 것뿐만 아니라, 파견·용역업체 대표가 원청과의 계약금 중 일부를 착복'하는' 것까지 취재 대상에 넣어보기로 했다. 그의 문제의 식을 토대로 취재를 해보니, 비슷한 사례가 보란 듯이 줄줄이 딸려 나왔다. 앞에서 피복을 제대로 지급받지 못했다고 밝혔던 양성호 씨도 '유령 직원'이라는 단어를 언급한 적이 있다. 그에게 다시 전화를 걸어 좀더 자세한 정황을 물었다.

"우리 회사는 서류상 폐기물 수거원으로 총 12명을 채용하고 있어요. 그런데 실제 현장에서 일하는 사람은 11명뿐이에요. 남은 한 자리는 사장 아들과 지인의 이름을 돌려가면서 올려놓고 있어요. 결국 12명이 할 일을 11명이 하게 되는 거니 수거원들의 업무량은 늘고, 업체 사장은 한 명분의 월급을 그대로 챙기는 거죠."

그가 몸담고 있는 회사는 시와 민간 위탁 계약을 맺고 있다. 공공기관은 계약 당시 산정된 노무비를 빼돌리는 업체가 생기면, 다음 입찰 때 불이익을 주는 방식으로 중간착취를 감시하기도 한다. 이 업체 대표는 이를 피하고자 직접적인 금전 착취 대신 직원들의 노동력을 착취하고 있는 것이다. 양씨는 "민간 위탁으로 운영되는 폐기물수거 업체에서는 만연한 일"이라고 말했다.

그와 대화를 나눈 뒤 반나절 만에 그가 겪고 있는 것과 똑같은 사례가 또 포착됐다. 전북 전주시의 한 청소위탁업체는 2017년과 2018년에 자녀와 친인척 등 10여 명을 자사 직원으로 등록하고 인건비를 지급한 것처럼 서류를 꾸몄다. 이 업체 대표가 빼돌린 금액은 2억여 원에 달했다.

심지어 두 업체가 짜고 인건비를 품앗이하는 사례도 있었다. 전국민주연합노동조합 전주지부에 따르면 음식물쓰레기 수거 회사인 A업체와 대형폐기물 수거 회사인 B업체는 대표나 부인의 이름을 상대 회사의 직원으로 올린 뒤 인건비 등을 부당하게 지급했다. 우선 A업체는 B업체 대표이사에게 2017년 1월 설 상여금으로 150여 만 원, 2월 급여로 250여 만 원, 3월 급여로 580여 만 원 등 980여 만 원을 송금했다. B업체 사장이 A업체의 직원으로 일했다는 소리가 된다. B업체 역시 A업체 대표의 부인에게 2017년 1월 580여 만 원, 2월 390여 만 원 등 총 970여 만 원의 임금을 지급했다. 이번에는 반대로 A업체 대표의 부인이 B업체에서 일한 것처럼 꾸민 것이다.

제조업에서도 비슷한 사례가 나왔다. 김현도씨는 충남 아산시 소재 현대자동차 2차 하청업체에서 5년째 근무하고 있다. 그는 실수령액 기준 월 250만~260만 원을 받고 있는데, 이는 실제로 받아야 할 월급보다 40만~50만 원 적은 액수라고 주장했다. 현도씨는 기대 임금과 실제 임금의 차액 중 상당 부분이 유령 관리자들의 인건비로 나간다고 보고 있다. "사무실에 관리자가 총 네 명 있는데, 그중 세 명이 사장, 사장 부인, 그리고 딸이에요. 그런데 실제로 이 사람들한테 관리를 받아본 직원은 한 명도 없어요. 관리는커녕 이 사람들을 본 적도 없는걸요."

여기 나열한 유령 직원 등재 사례들은 불과 2주일 만에 수집한 것이다. 이를 바꿔 말하면, 이 수법은 제3자의 눈에는 기상천외해 보일지 몰라도 노동계에서는 비일비재하게 일어나는, 어느 정도 전형성을 띤 중간착취 방법이라는 의미이기도 했다.

비단 유령 직원 등재 수법뿐만이 아니다. 앞서 설명한 '성과금·수당·피복비 빼돌리기' 수법도 노동 문제에 조금만 관심을 기울이면 누구나 손쉽게 접할 수 있다. 심지어 이 가운데 일부는 이미 언론에 실렸거나 사법 처리를 받은 것도 있다. 공론화가 됐다는 뜻이다. 그런데도 현장의 중간착취 악습은 사라지지 않고 있다.

이쯤 되니 몇 가지 궁금증이 생겼다. 우리 사회는 공공연하게 일어나고 있는 중간착취를 왜 막지 못하는 걸까. 의지 부족일까, 아니면 제도의 미비일까. 이에 대한 답을 찾던 중 '현대제철 불법 파견 판결'이 눈에 띄었다. 2016년에 내려진 이 판결과 이에 대한 기업의 대응은 내 궁금증을 어느 정도 해소해줬다. 결론부터 말하면, 당시 재판부는 중간착취를 원천봉쇄할 수 있는 길을 알려줬지만, 기업들은 이 길을 걷지 않았다. 심지어 당시 법원의 판결은 중간착취를 악화시키는 부작용까지 낳았다. 다음 사례는 불법 파견 판결이 현장에서 어떻게 곡해 또는 악용되는지를 여실히 보여준다.

7 _____ 노동자를 위한 판결의 딜레마

불법 파견 판결이 불러온 후폭풍을 이해하려면, 우선 불법 파견이 무엇인지부터 알아야 한다. 앞 장에서 설명했듯이, 간접고용은 크게 용역과 파견이라는 두 가지 형태로 나뉜다(1장 '부고와 해고' 참고).

그런데 현행 파견법은 제조업에 파견 노동자 투입을 금지하고 있다. 제조업에까지 파견을 허가해주면, 사용자들은 비용 절감과 책임 회피를 위해 모든 노동자를 간접고용 형태로 채용할 가능성이 크다. 이렇게 되면 노동자들의 처우와 근무 환경은 악화될 수밖에 없다. 그런 까닭에 파견법에 노동자들을 위한 최소한의 보호 장치를 넣어둔 것이다.[14]

만약 기업이 파견법을 어기고 노동자를 파견받으면 3년 이하의 징역형이나 3000만 원 이하의 벌금형을 선고받는다. 그런데 현장에서는 상당수의 원청이 이 같은 '불법성'을 우회하기 위해 형식적으로는 하청업체와 용역(도급)계약을 맺은 뒤 실제로는 직원들을 파견 형태로 사용한다. 하청업체 직원들에게 업무를 직접 지시하는 것이다. 용역계약인 척하는 파견계약인 셈이다. 이를 노동계에서는 '불법 파견'이라고 한다.

이제 위 설명을 토대로 경향신문 2016년 2월 19일자 기사를 읽어보자.

"현대제철 불법 파견" 사내 하청 노동자 161명 승소

"원청인 현대제철 소속" 판결

현대제철(옛 현대하이스코) 순천공장에서 일해온 사내 하청 노동자 160여 명이 원청인 현대제철 소속 노동자라는 판결이 나왔다. 제조업 분야 중 자동차업계의 경우 현대차·한국지엠·쌍용차 등에서 불법 파견 판결이 수차례 있었지만 철강업계에서 불법 파견이 인정된 것은 이번이 처음이다.

광주지법 순천지원 제2민사부(재판장 김형연 부장판사)는 19일 현대제철 순천공장 사내 하청 노동자 161명이 현대제철을 상대로 제기한 근로자 지위 확인 소송에서 전원 승소 판결을 내렸다고 밝혔다.

재판부는 현대제철이 사내 하청 노동자들에게 직간접적으로 업무 지휘·명령을 하고 인사·근태에 영향력을 행사했는지, 사내 하청업체의 업무에 전문성·기술성이 있고 업체들이 독립적 조직·설비를 갖췄는지 등을 종합적으로 고려할 때 "사내 하청 노동자 161명은 각 사내 하청업체에 고용된 후 현대제철의 사업장에서 현대제철로부터 지휘·감독을 받는 근로자 파견 관계에 있었다"고 밝혔다. 재판부는 옛 파견법에 따라 근무 기간 2년을 넘긴 109명은 현대제철 정규직으로 간주했고, 2006년 개정된 현행 파견법 적용을 받는 나머지 52명에겐 회사가 정규직 고용의 의사 표시를 하라고 판시했다. 노동자 측 대리인인 김기덕 변호사는 "이번 판결은 자동차 생산 공정을 넘어 제조업 공정 전반에서도 사내 하청 노동이 파견 노동에 해당할 수 있다는 것을 확인했다는 점에서 의의가 있다"고 말했다.[15]

이 기사를 통해 독자가 얻는 정보는 크게 두 가지다. 첫째는 법원이 현대제철 사내 하청 노동자들의 고용 형태를 '불법 파견'으로 인정했다는 점이고, 둘째는 재판부가 불법 파견으로 인정받은 노동자들을 현대제철 정규직으로 간주하고 있다는 점이다. 이 때문에 하청 노동자 대다수는 불법 파견 판결이 본인들의 처우를 개선해줄 것으로 기대했다.

그런데 마냥 희소식일 것만 같은 불법 파견 판결이 종종 엉뚱한 결과를 낳기도 한다. 현대제철 당진공장에서 11년째 하청 노동자로 일하고 있는 황상엽씨가 이를 설명해줬다. "예전에는 전체 도급비 중 하청 노동자들의 인건비 비율이 어느 정도 정해져 있었어요. 이걸 지급률이라고 불러요. 지급률은 보통 73퍼센트 선에서 정해졌습니다. 예를 들어 원청이 도급비로 100원을 내려주면, 하청업체는 직원들에게 73원을 지급해야 했던 거죠. 현대제철은 지급률이 잘 지켜지고 있나 감사도 했어요. 만약 감사 결과 지급률이 70퍼센트밖에 안 되는 회사가 발견되면, 원청은 3퍼센트에 해당되는 금액을 '특별 격려금' 등으로 노동자들에게 지급하도록 했어요. 이마저도 안 지킨 하청업체에는 다음 용역 계약 때 불이익을 주기도 했고요."

나름대로 노동자의 처우를 보장해줬던 이 제도는 2016년 사라졌다. "공교롭게도 광주지법이 불법 파견 판결을 내린 직후였어요. 아마도 원청이 앞으로 이어질 줄소송에 대비해 불법 파견으로 비칠 만한 제도를 없앤 게 아닌가 싶어요."

불법 파견을 판단하는 기준 중 하나는 원청이 하청의 노무나 경영에 간섭했는지다. 하청업체가 별도의 사업체로서의 독립성을 갖지 못한 채로 원청의 지시에 따라 노동자 급여 등을 지급했다면 불법 파견에 해당될 가능성이 높다.

결국 이 판결로 원청이 하청업체의 경영이나 노동자 처우에 공식적으로 관여하는 일은 없어졌다. 법원이 불법 파견이라고 판결한 것은 잘못된 점을 바로잡기 위해서였지만, 결국 원청이 하청에 대한 중간착취 감독마저 그만두도록 한 것이다.

상엽씨는 이를 두고 "불법 파견 판결의 역설"이라고 평했다. "법원이 순천공장 하청 노동자들의 고용 형태를 불법 파견으로 결론 내린 건 노동자들의 근무 환경을 개선하라는 취지잖아요. 그런데 사업주들은 처우 개선 대신 어떻게든 불법 파견의 근거가 될 만한 일을 없애려고만 하고 있어요."

원청의 지급률 제도가 사라지면서 하청업체들은 별다른 제약 없이 중간착취를 하고 있다. "우리 회사는 2019년과 2020년에 총 도급비의 69~70퍼센트를 직원들에게 지급했다고 주장하고 있어요. 이 자체로 이미 예전보다 3~4퍼센트 떨어진 수치인데, 이마저 진짜인지 확인할 길이 없어요. 도급비 산출 내역서나 재무제표 등 숫자가 들어간 서류는 일체 공개를 안 하거든요. 도대체 얼마를 떼어가고 있는 건지도 모르겠어요. 아무리 좋은 취지로 법을 만들고 적용해도, 노동자들의 상황은 점점 더 나빠지기만 하는 거죠."

현대제철만의 문제가 아니다. 다른 원청들 역시 불법 파견 처벌을 피하기 위해 하청업체 근로자들에 대한 처우나 업체 감독 업무를 모두 중단했다. 예컨대 '분진 마스크'로 논란이 됐던 현대차 전주공장의 용역업체 노동자들도 불법 파견 판결 전에는 원청인 현대차로부터 분진마스크를 제공받았다. 이 마스크는 현대차 정규직 노동자들이 사용하는 것과 동일한 제품이었다. 하지만 불법 파견 논란을 피하고자 현대차는 안전보호구 지급 등도 모두 하청업체에 맡겼고, 하청업체는 이윤을 늘리기 위해 값싼 마스크로 바꿨다.

하청 노동자에게 휴게실을 제공하는 원청들도 있었지만 이 역시 법원에서는 불법 파견의 징표로 판단했고, 결과적으로 하청 노동자들이 쉴 곳이 모두 사라지기도 했다. 이 판결이 의도한 것은 아니었지만, 원청은 용역업체의 중간착취 감시를 할 수 없게 됐고 노동자들의 근로 여건은 더 열악해지고 말았다. 불법 파견을 찾아내는 것 못지않게, 간접고용 노동자들의 실질적인 근로 조건이 후퇴하지 않도록 더 섬세한 고민과 제도가 필요해 보인다. 그래야 노동자를 위한 판결이 오히려 노동자의 권익을 축소시키는 이 딜레마가 해소될 수 있을 것이다.

일부 하청업체 대표는 불법 파견 정황이 드러나면 이를 오히려 위장 폐업의 정당성을 확보하는 수단으로 활용하기도 한다. 위장 폐업이란 기업이 노조활동을 방해하기 위해 허위로 사업을 접는 것을 말하는데, 보통 위장 폐업을 한 기업은 상호만 바꾸는 식으로 새 회사를 차린 뒤 활동을 이어간다. 문제는 위장 폐업을 한 기업의 소속 노동자들은 퇴직금과 밀린 임금 등을 받지 못할 때가 많다는 것이다. 서류상으로는 이들이 속해 있던 회사가 사라졌기 때문이다. 이처럼 위장 폐업은 중간착취를 동반한다.

충남 아산에서 현대자동차 하청업체 직원으로 근무 중인 심현우씨는 "18년간 소속 업체가 세 번이나 바뀌었다"고 말했다. "지금 회사가 네 번째 근무처예요. 첫 업체가 폐업했을 때는 임금 체불이 있었고, 아직도 못 받았습니다. 두 번째 회사는 3년 정도 지속되다가 사라졌어요. 그때는 퇴직금을 못 받았습니다."

그는 "소속 업체가 바뀔 때마다 업체 대표도 달라졌지만, 실소유주는 언제나 첫 업체 사장이었다"고 말했다. "새 업체 대표들은 소위 말하는 '바지사장'이었던 거죠. 첫 업체 사장이 두 번째 회사에서는 소장으로 일했고, 세 번째 회사에서는 이사로 근무했어요. 지금 회사에도 사무실 관리자로 이름을 올려두고 있고요."

현우씨는 직원들의 불법 파견 주장이 위장 폐업의 빌미가 된 것 같다고 말했다. "첫 업체 소속 선배들이 우리는 파견 근로자에 가깝다면서 원청에 불법 파견 문제를 해결하라고 강하게 항의했어요. 그랬더니 원청이 다음 도급계약 때 우리 회사와 계약을 안 하더라고요. 일이 더 커지는 게 싫었던 거죠. 재계약이 불발되자 (하청업체) 사장이 더 이상 수익 창출은 불가능하다면서 폐업을 해버렸어요. 그 뒤에도 비슷한 패턴으로 폐업과 설립이 반복된 거고요. 그 과정에서 제 임금 일부와 퇴직금만 공중으로 사라진 거죠. 몇 년 전부터 소송을 하고 있긴 한데, 미지급금을 받을 수 있을지, 받는다 해도 그 시기가 언제가 될지는 모르겠어요."

현우씨는 "아무리 제도를 잘 만들어놓아도 사람이 바뀌지 않으면 중간착취는 영원히 사라지지 않을 것"이라고 말했다. "제조업에 노동자 파견을 금지하는 건 옳은 방향이라고 봐요. 그럼에도 이로 인해 종종 노동자들이 피해를 입고 있는 건, 제도가 아니라 사람 때문이에요. 기업을 운영하는 사람들이 법망을 피해가거나 악용하려고만 하지 말고, 관련 법이 만들어진 취지에 공감해줬으면 좋겠어요."

8 _____ 사장들의 억대 연봉, 어디서 왔나

고백하자면, 나는 '기업인의 선의'에 호소하는 듯한 현우씨의 바람을 듣자마자 그의 현실 자각 능력이 떨어진다고 생각했다. 더 솔직히 말하면 아직도 그 생각에는 변함이 없다. 자본주의 체제에서 돈이 되는 일을 마다할 기업인은 없다. 수많은 하청업체 사장이 안면몰수를 넘어 인면수심의 태도로 중간착취를 강행하는 이유도 바로 그들의 주머니를 채우기 위해서다. 생각이 여기에 미치자 또 다른 궁금증이 고개를 들었다. 도대체 하청업체 사장들은 중간착취를 통해 얼마나 많은 소득을 올리고 있을까.

이 궁금증을 풀기 위해 몇몇 하청업체 사무실에 전화를 돌렸다. 그러나 이들 업체는 약속이라도 한 듯 "업체의 순수익과 대표의 연봉은 영업 기밀 사항이라 알려줄 수 없다"는 대답을 내놓았다.

별수 없이 다른 방법을 찾아봐야 했다. 노조가 보유 중인 자료, 공공기관 경영정보공개시스템(알리오), 언론 보도 등을 통해 총 6개 업체 대표의 연 소득을 확인하거나 계산했다. 이들의 소득은 그야 말로 '억' 소리가 나는 수준이었다.

현대제철 하청업체 H사

현대제철의 한 하청업체 대표는 연간 20억 원에 달하는 소득을 올리고 있었다. 2020년 노사협의회 녹취를 통해 계산한 수치다. 이 녹취는 당시 협의회에 참석했던 하청 노동자 김철민씨가 녹음해 제공했다. 녹취에 따르면 이 업체의 2020년 9월 도급비는 9억 5000만 원이었다. 철민씨는 이 금액을 토대로 업체 대표의 소득을 계산할 수 있다고 말했다.

"우선 도급비에서 법정 비용과 관리비를 합해 15퍼센트가 빠져요. 그리고 남은 금액 중 일부가 노동자들 인건비로 지출돼요. 이를 제외한 모든 금액이 회사의 순이익입니다. 그리고 이 순이익이 바로 대표의 소득이에요."

도급비−(법정 비용+관리비)−인건비=순이익(대표 소득)

철민씨의 설명을 토대로 이 업체 대표의 월 소득을 계산해보자. 우선 총 도급비에서 법정 비용과 관리비 명목으로 15퍼센트(1

억4250만 원)를 빼면 8억750만 원이 남는다. 이제 이 금액에서 인건비를 빼야 한다. 이 업체에는 사장을 제외한 직원이 198명 있고, 이들의 월평균 급여가 320만 원이기 때문에 총 인건비는 6억3360만 원이 된다. 그렇다면 이 업체 대표는 당월에 1억7390만 원의 소득을 올린 셈이다. 이를 1년으로 계산하면 20억8680만 원에 달한다.

2020년 9월 도급비	(법정 비용+관리비)	인건비 (대표 제외)	순이익 (대표 월 소득)
9억5000만 원	1억4250만 원	6억3350만 원	1억7390만 원
대표 연 소득=월 소득(1억7390만 원)×12=20억8680만 원			

물론 다달이 도급비가 달라질 수 있기 때문에 대표의 연 소득은 추정치에 불과하다. 그래도 "꽤 합리적인 추정치"라는 것이 철민 씨의 입장이다. "노사협의회에 매달 참석했는데, 도급비는 (9월과) 대동소이했어요. 우리 회사 대표가 20억 원 안팎의 연 소득을 올리고 있는 것은 업계에 잘 알려진 일이기도 하고요."

당연한 얘기지만, 대표가 고소득을 올리는 것 자체가 잘못된 일은 아니다. 문제는 대표의 소득액 중 일부가 중간착취의 결과물로 보인다는 점이다. 앞서 언급한 대로 대표의 소득은 어디까지나 추정치였기 때문에, 정확한 수치를 확인하기 위해 다시 업체에 전화를 걸었다. 첫 통화에서 "대표의 연 소득은 기밀 사항"이라던 이 업체 관계자는 철민씨가 제공한 녹취와 이를 토대로 계산한 수치를 언급하자 "서류를 본 후에 다시 연락을 줄 테니 기다려달라"고 말했다. 약 3시간 후 이 관계자로부터 전화가 걸려왔다. 그는 "서류상 대표의 소득은 한 달에 1000만 원 정도"라고 밝혔다.

그는 이어서 회사의 지출 구조를 조목조목 설명해줬다. "인건비와 관리비 외에도 회사 운영에 필요한 각종 비용으로 나가는 돈이 또 있어요. 이게 한 달에 2억 원가량됩니다. 이걸 감안해서 다시 계산해보세요. 그러면 회사 순이익이 얼마 안 된다는 걸 알 수 있을 거예요. 그러니 사장이 어떻게 1년에 20억 원을 가져갈 수 있겠어요."

이 관계자의 설명을 토대로 회사의 지출 구조를 다시 계산해봤다. 9월 총 도급비 9억5000만 원에서 법정 비용과 관리비, 그리고 인건비를 제한 뒤 여기에서 다시 운영비 2억 원을 뺐다. 그러자 이 회사는 당월에 2610만 원의 적자를 봤다는 결론이 나왔다.

2020년 9월 도급비	(법정 비용+ 관리비)	인건비 (대표 제외)	운영비	회사 순이익
9억5000만 원	1억4250만 원	6억3350만 원	2억 원	-2610만 원

원청으로부터 받는 도급비가 매달 비슷하다는 것은 이 관계자도 인정했다. 그렇다는 것은 이 회사의 손실 역시 매달 비슷한 금액

만큼 발생하고 있다는 의미다. 그렇다면 또 의문이 생긴다. 다달이 손해를 보는 회사에서 대표는 어떻게 1000만 원의 월급을 받을 수 있을까? 유일한 방법은 다른 항목에서 자신의 소득을 빼돌리는 것밖에 없다. 이 회사 관계자의 설명은 결과적으로 자승자박이 됐다. 운영비 2억 원과 대표 월급 1000만 원이 양립한다고 주장하는 것은, 만약 그것이 사실이라고 해도, 그 자체로 중간착취를 시인하는 꼴이었다.

"그렇다면 대표가 가져가는 1000만 원은 도대체 어떻게 마련한 돈이냐"고 재차 물었다. 이 관계자는 "다시 확인해보고 연락을 주겠다"고 했지만 그 뒤로 그는 전화를 걸어오지도, 전화를 받지도 않았다.

코레일네트웍스

코레일네트웍스는 한국철도공사(코레일)의 자회사로, 코레일로부터 주차 관리, 승차권 매표, 역사 운영 등의 업무를 위탁받아 수행한다. 민간 기업으로 치면 코레일이 원청에 해당되고, 코레일네트웍스는 하청업체인 셈이다.

알리오에 따르면 코레일네트웍스 상임기관장(대표)의 최근 5년 연봉은 기본급과 성과상여금을 포함해 2015년 1억2233만 원, 2016년 1억2670만 원, 2017년 1억2777만 원, 2018년 1억3234만 원, 2019년 1억2259만 원, 2020년 9190만 원이었다. 평균 연봉이 1

억을 웃돈다.

이에 비해 직원들의 월급은 처참한 수준이다. 국토교통부 산하 공공기관 중 최하위다. 안전관리사(교대조 역장)로 일하고 있는 김호성씨의 2020년 월 기본급은 약 170만 원이었다. 그는 "야간근무 등 시간외 수당을 합쳐도 190만 원대 후반에서 200만 원대 초반의 월급을 받았다"며 "이는 모회사 정규직의 44퍼센트 수준"이라고 밝혔다.

호성씨는 "절대 액수가 적다는 것도 문제지만, 우리가 받기로 한 임금을 제대로 못 받고 있는 것이 더 큰 문제"라고 말했다. "임금이 지나치게 낮다는 건 노사 양측 다 공감하고 있어요. 그래서 2018년에 노조, 사측, 전문가 위원으로 구성된 '코레일 노사전 협의체'라는 걸 만들었습니다. 이 협의체에서 '2020년 위탁비 설계 시 동일·유사 업무를 수행하는 자회사 위탁 업무에는 시중노임단가 100퍼센트를 반영한다'는 합의가 도출됐어요."

시중노임단가란 중소기업중앙회가 발표하는 보통 인부의 노임을 뜻하는 것으로, 이 단가를 코레일네트웍스 직원들에게 적용하면 이들의 기본급은 직급에 따라 200만~300만 원 선에서 결정된다. 그런데 호성씨는 사측이 이 약속을 지키지 않고 있다고 말했다. "제가 알기로는 이 협의에 따라 2020년 위탁비가 크게 늘었어요. 그런데 사측은 이 돈을 직원들에게 안 풀고 있는 거예요."

호성씨는 "만약 시중노임단가를 적용해 위탁비를 받았다면, 직

코레일네트웍스 직원이 역내 안전관리를 하고 있다. 코레일네트웍스 노사는 직원 임금에 시중노임단가를 100퍼센트 반영하기로 합의했지만 이는 결국 지켜지지 않고 있다.

원들에게 돌아가야 할 월급 중 적게는 30만 원, 많게는 130만 원이 중간에 사라졌다는 말이 된다"고 주장했다. 이에 대한 정확한 답변을 듣기 위해 코레일네트웍스에 연락했다. 이에 대해 사측은 "직원들의 인건비는 정부 지침에 따라 바로 전해 대비 최대 4.3퍼센트까지만 인상할 수 있다"는 말만 되풀이했다. 쉽게 말해 정부 방침 탓에 4.3퍼센트 이상의 임금 인상은 해줄 수 없는데, 시중노임단가를 반영할 경우 임금 인상률이 이 수치를 넘는다는 것이다. 결국 시중노임단가를 적용할 수 없다는 주장이었다.

"사측이 시중노임단가를 반영하지 않는 것과 대표가 고액 연봉을 받는 것에는 어느 정도 연관성이 있다고 봐요. 기업에서는 직원들 인건비를 줄이면 그게 곧 경영 성과로 평가되잖아요. 결국 직원들이 임금을 제대로 못 받고 있는 현실이 대표의 억대 연봉으로 이어지는 것 아닐까요?"

방사선관리 용역업체 S사

방사선관리 용역업체인 S사 대표는 연간 20억 원이 넘는 고소득을 올리는 것으로 추산된다. 이 업체에서 방사선안전관리 업무를 맡고 있는 박영수씨는 "월 300만 원(세후)을 받는데, 중간착취 금액은 무려 700만 원 정도"라고 밝혔다. 업체가 관리비 명목으로 임금의 두 배에 달하는 금액을 가져간다는 주장이다.

업체가 노동자 임금의 두 배 이상을 중간에 떼어가는 기형적 구조를 이해하려면 방사선관리 업계의 특수성부터 파악해야 한다. 영수씨 회사를 예로 들면 이해가 쉬워진다. 이 회사는 한국수력원자력(한수원)으로부터 1인당 용역 단가로 1년에 1억2000만 원을 받는다. 이때 용역 단가는 세 가지로 구성되는데, 노동의 대가인 '직접인건비'(5000만 원), 사무실 운영 등에 사용하는 '제경비'(5500만 원), 방사선 안전 관련 연구나 기술 개발에 사용하는 '기술료'(2100만 원)다. 영수씨가 언급한 관리비는 바로 이 제경비와 기술료를 뜻한다.

그러나 영수씨는 용역업체가 이 돈을 용도에 맞게 사용하는지 의구심이 든다고 말했다. "방사선 관리 구역 내에서 작업할 때 쓰는 설비와 장비, 작업복, 장갑 등은 전부 한수원에서 제공해줘요. 용역업체는 관리 구역 밖에서 사용하는 안전모, 안전화, 장갑만 주고 사무실 집기 같은 거 사고요. 1000만 원짜리 안전화를 신는 것도 아니고 1년에 1인당 제경비가 5500만 원이 든다는 게 말이 안 되죠. 기술료는 용역업체가 연구소 운영에 쓴다고 하는데, 연구소에서 뭘 하는지 모르겠어요. 내가 일하니까 업체가 이 돈을 받는 건데, 우리한테 지원하는 건 거의 없어요."

현장 노동자들은 이렇게 남은 돈의 대부분이 대표의 소득이 된다고 보고 있다. 민주노총의 한 관계자는 "S사는 원청으로부터 한 해 약 80억 원의 돈을 받는데, 인건비와 관리비(제경비+기술료) 지출 금액을 다 합쳐도 60억 원 정도에 그친다"며 "남은 20억 원이 모두 대표에게 돌아가는 구조"라고 설명했다.

정확한 사실관계 확인을 위해 S사에 두 차례 전화를 걸었다. 첫 통화에서 사무실 직원은 "담당 간부가 출장 중"이라며 "돌아오는 대로 전화를 하라고 전하겠다"고 밝혔지만 사흘이 지나도 연락은 오지 않았다. 다시 전화를 걸자 같은 직원이 "취재에 응하지 않겠다"고 답했다.

그런데 이 업체는 관련 내용이 보도되자 입장을 바꿔 강경하게 대응하고 나섰다. 한국일보에 '중간착취 지옥도' 기사가 게재된 지 한 달도 지나지 않은 2021년 2월 10일 이 업체 대표는 언론중재위원회에 언론조정신청서를 제출했다. 법률적인 사안이라 관련 내용을 세세히 언급할 수는 없지만, 업체 측 요구를 간략히 정리하면 '보도 내용이 사실이 아니니 정정 보도를 하고, 이에 따른 손해배상금액으로 3000만 원을 지급하라'는 내용이었다. 업체 측이 요구한 정정보도문에는 "S사는 노동자로부터 월 700만 원을 관리비 명목 등으로 떼어간 적도, 그렇게 해서 남은 20억 원을 대표가 가져간 사실도 없다"고 언급했다. 업체의 법률대리인은 대표의 연봉이 8800만 원 수준이라고 밝혔다.

이에 대해 한국일보는 구체적인 제경비, 기술료 등 지출 내역을 공개하면 이를 기사에 담겠다는 취지로 답변했다. 용역비가 쓰이는 세부 항목을 정확히 따져보고, 이를 독자들에게 알리자는 의미였다. 그러자 업체 측은 "조정 불성립(조정 절차 종결)으로 결정하자"고 나왔다. 끝내 용역비를 어디에 어떻게 썼는지는 공개할 수 없다는 뜻으로 읽혔다.

이 논쟁은 아직 끝나지 않았다. 이 업체는 향후 한국일보와 취재 기자들을 상대로 소송을 걸 수도 있다. 보통 송사에 휘말리는 것은 그 자체로 골치 아픈 일이지만, 이번 사례에서는 꼭 그렇지만도 않다. 소송이 진행되면 이 업체의 용역비 지출 내역을 정확히 알 수 있고, 이를 통해 업체 대표가 얼마만큼의 소득을 올리는지, 그리고 현장 노동자들의 중간착취 금액은 어느 정도인지를 살펴볼 수 있기 때문이다. 만약 소송을 통해 알게 된 사실이 기존에 보도된 것과 다르다면 당연히 정확한 정보를 다시 기사화할 계획이다.

도시가스 검침업무 위탁사

서울도시가스 검침업무 위탁사인 S업체 대표의 연봉은 8000만 ~9000만 원 정도로 추정된다. 반면 이 회사 소속 노동자인 하윤영 씨는 월 190만 원(세후)을 받고 있다. "장부상에 복지비 등을 제공 했다고 적어놓고 실제로는 노동자들에게 이 돈을 지급하지 않았던 사례도 있어요. 이렇게 중간에 사라진 돈이 모여서 대표 연봉으로 들어가는 것인데, 그 액수가 매년 8000만~9000만 원 정도 되는 거예요."

물론 이 역시 직원들의 주장일 뿐이다. 사실관계를 확인하기 위 해 이 회사 대표인 한모씨에게 전화를 걸었다. 그는 윤영씨의 주장 에 대해 "사실무근"이라면서도 끝내 본인의 연봉은 밝히지 않았다. 한씨는 "원청으로부터 월 8000여 만 원의 지급수수료(위탁비)를 받는데, 이 중 80퍼센트는 직원들 인건비로 나간다"며 "남은 20퍼 센트에 보수비, 운영비, 내 급여 등이 포함된다. 정확한 연봉은 영업 기밀 사항이라 밝히기 어렵다"고 답했다.

현대오일뱅크 직영(위탁) 주유소

전남 광양시에 위치한 현대오일뱅크 직영(위탁) 주유소장 역시 연 간 1억 원의 수익을 올리는 것으로 알려졌다. 이 회사에서 근무했 던 김현희씨는 "주당 100시간 이상 일할 때도 많았지만 초과근로 수당은 한 번도 받지 못했다"며 "월급은 세후 250만 원 수준이었고, 다달이 최소 12만 원의 중간착취가 있었다"고 주장했다.

이 주유소장에게도 사실 확인 차 전화를 걸었지만, "정확한 금액은 밝힐 수 없고 만약 월 1000만 원을 가져간다고 해도 세금 등 이것저것을 떼고 나면 얼마 남지 않는다"고 답변했다. 현희씨가 주장하는 중간착취금에 대한 질문도 던졌으나, 주유소장은 "바빠서 길게 통화할 수 없다"며 전화를 끊었다.

LG트윈타워 청소·보안 용역업체 지수아이앤씨

서울 여의도 LG트윈타워의 청소용역업체인 지수아이앤씨의 소유주 2인은 2019년 배당금으로 60억 원을 수령했다. 터무니없이 큰 액수도 놀랄 일이지만, 일반적인 회사 대표들이 수익을 내는 방식과 달리 배당금이라는 형태로 소득을 올린 것도 특이한 점이다.

이는 지수아이앤씨만의 특수성 때문에 벌어진 일이다. 취재 당시 이 회사의 소유주들은 구광모 LG 회장의 고모들이었다. 이들은 2009년 5억 원을 출자해 지수아이앤씨를 설립했는데, 이 회사는 LG가 100퍼센트 지분을 가진 S&I코퍼레이션과 계약을 맺고 LG 트윈타워 관리를 맡았다. 쉽게 말해 지수아이앤씨 입장에서는 LG 가 '원청의 원청'인 셈이다.

LG와 지수아이앤씨 관계

LG – (하청) → S&I코퍼레이션(LG가 지분 100퍼센트 소유) – (하청) → 지수아이앤씨

이 회사는 꾸준히 성장해 2019년 매출액 1300억 원, 영업이익 55억 원을 냈다. 두 소유주는 10년간 200억 원에 달하는 배당금을 받았다.

그렇다면 이 회사에서 일하는 노동자들의 임금은 얼마일까. 이 업체 소속으로 LG 트윈타워에서 청소를 했던 한 노동자는 월 169만 원(세후)을 받았다. 연간 2000만 원이 조금 넘는 금액이었다. 그는 중간착취라는 것이 존재하는지조차 모르고 있었다. 그래서 내가 이 회사와 원청과의 계약 내용을 통해 대략적인 중간착취 금액을 추정해봤다.

JTBC 보도에 따르면, 지수아이앤씨는 2020년 원청으로부터 46억 원(부가세 제외) 정도의 용역비를 받았다.[16] 노동계에서는 청소·보안 업계가 통상 용역비의 90퍼센트 이상을 인건비로 지출한다고 언급했다. 이를 감안하면 노동자들에게 돌아가야 할 금액은 대략 41억 원이라는 계산이 나왔다. 하지만 노조의 주장과 원·하청 계약 내용 등을 종합해보면, 이 회사의 인건비는 전체 계약금의 80퍼센트 정도로 추산됐다. 업계에 통용되는 기준으로 보면, 전체 용역비의 10퍼센트가 중간에 사라진 셈이었다.

반복해서 말하건대, 이는 어디까지나 업계의 관행에 기댄 추정

치일 뿐이었다. 기사를 쓰기 전 소유주들의 고소득과 노동자들의 저임금 사이에 상관관계 또는 인과관계가 있는지 알아볼 필요가 있었다. 이를 위해 지수아이앤씨에 전화를 걸었으나 "내부 경영과 관련된 사항은 외부에 제공할 수 없다"는 답변이 돌아왔다.

지수아이앤씨 사례에서 알 수 있듯이, 용역·파견업체를 소유하거나 운영하는 것은 대기업 소유주의 일가친척들마저 눈독을 들일 정도로 매력적인 일이다. 손에 꼽히는 부자들도 이렇게 탐내는 자리인데, 하물며 일반 기업인들은 어떻겠는가. 취재 중 만난 한 노동자의 말로 하청업체 대표직의 인기도를 가늠할 수 있었다. "노동계에서 하청업체 대표는 '별다른 기술이나 설비가 없어 사람 장사를 하는 사람'이라는 인식이 깔려 있어요. 어떻게 보면 비판을 넘어 약간의 무시까지 섞여 있는 말이죠. 하청업체 대표들도 이런 인식을 잘 알고 있고요. 그런데도 어떻게든 대표 자리를 꿰차려고 난리예요. 투자 대비 소득을 따져보면 하청사 대표만 한 게 없으니까요."

실제로 이번 장에 나열된 다른 업체 대표들만 봐도 별다른 생산수단 없이 연간 억대의 소득을 올리고 있으니, 이만하면 하청업체 대표 자리는 황금알을 낳는 거위라고 불러도 손색없다. 여러 제약 때문에 모든 업체 사장들의 연봉을 알아볼 수는 없었지만, 노동계에서는 대다수 용역업체 대표들의 소득도 위에 나열된 대표들의 것과 크게 다르지 않으리라 추정하고 있다.

이쯤 되면 한 가지 궁금증이 생기게 마련이다. 도대체 하청업체 대표들은 누구이며 어떻게 이 '땅 짚고 헤엄치기'의 주인공이 된 걸까. 사실 나는 취재 초기부터 노동자들에게 이와 비슷한 질문을 던졌다. 소속 업체 대표와 원청과의 관계에 대해 묻고, 이 가운데 특기할 만한 사항을 따로 추려봤다.

9 _____ 하청업체 대표, 그들은 누구인가

"우리 사장들이요? 원청업체 '낙하산'들이에요."

현대자동차 2차 하청업체 직원으로 근무 중인 김영원씨는 업체 대표와 원청과의 관계를 묻는 질문에 단호한 어조로 '낙하산'이라는 표현을 썼다. "현대자동차 영업본부 출신들이에요. 이사로 근무하다가 2020년 우리 회사 사장으로 '내려'왔어요."

'내려왔다'는 표현은 보통 모기업이 자회사 등으로 직원을 발령 낼 때 쓰는 말이다. 영원씨가 원청업체와 본인의 소속 회사를 한 몸뚱이로 생각하고 있다는 의미다. "제조업 하청업체 구조가 원래 그래요. 대기업에서 오랫동안 근무했던 임원이나 부장들이 정년퇴임 이후에 한 번 거쳐가는 코스예요. 마지막으로 한몫 챙기는 자리인 거죠. 퇴직 이후의 퇴직금이랄까요. 원청 입장에서는 이게 일종의 배려라고 생각하는 것 같아요."

그의 말 가운데 또 주목해야 할 부분이 있다. 영원씨는 업체 대표를 지칭할 때 '사장'이 아니라 '사장들'이라는 복수형 표현을 썼다. "우리 회사 사장은 두 명이에요. 입사 이후에 소속 업체가 여섯 번 바뀌었는데, 그중에 두 번 빼고는 모두 두 명의 퇴직자가 공동 대표를 맡았어요."

영원씨는 여기에 두 가지 이유가 얽혀 있다고 말했다. "워낙 대기업이다보니 퇴직자 수가 엄청 많아요. 원청 입장에서는 이 사람들을 마지막으로 한 번 챙겨줘야 하는데, 이 숫자만큼 하청업체를 다 만들 순 없잖아요. 그런데 마침 우리 회사는 일감이 꽤 많은 편이고, 수익도 그만큼 많이 남아요. 그러니까 원청 입장에서는 '잘됐다. 저쪽에 사장을 두 명 내려보내자' 이렇게 된 거죠."

원청 퇴직자가 하청업체 대표를 맡고 있는 사례는 영원씨 소속 회사에만 국한된 것이 아니었다. 취재에 응한 하청 노동자들의 말을 종합해보면, 이들의 소속 업체 65곳(중복 업체·건설 일용직 소속 회사 제외) 중 15곳의 대표가 '낙하산'이었다. 하청업체 대표와 원청과의 관계를 모르는 노동자도 많기 때문에 실제 '낙하산 대표'는 훨씬 더 많을 것으로 여겨진다.

물론 퇴직자가 하청업체 대표직을 맡는 것 자체를 문제로 볼 수는 없다. 그러나 이러한 관행은 간혹 폐단을 낳는다. 중간착취도 그중 하나다. 대기업 하청업체 노동자 심장희씨는 10년의 근무 기간 중 소속이 한 번 바뀌었는데, 예전 업체 대표도, 현 업체 대표도 모두 원청업체 퇴직자라고 말했다. "원청에서 아주 높은 자리에 있는 임원이 있어요. 그 사람이 예전에 같이 일했던 부장급 인사들이 퇴직하자 이분들을 하청업체 대표로 앉히더라고요. 이건 원청 사무직 직원들에게 꽤 중요한 메시지를 줘요. '아, 저 사람 '라인'이 되면 내가 회사를 그만둬도 괜찮은 자리로 가는구나' 이런 시그널이 되는 거죠."

잘 알려진 것처럼 한국 사회에서 라인의 일원이 되는 것은 충성 서약을 하는 것과 같다. 그러나 엄밀히 말해 이는 과거 군주제에 존재했던 맹목적인 충성과는 좀 다르다. 현대사회에서는 상호 간에 뭔가를 얻어낼 것이 있을 때 라인을 만들고, 라인의 일원이 된다. 자본주의 사회의 충성서약은 '떡고물'이 있어야만 유지된다는 의미다. 장희씨가 지적한 '낙하산 대표'의 폐단도 바로 이 점과 맞닿아 있다.

"우리 대표가 원청 임원 라인이라고 말씀드렸잖아요. 그러면 우리 대표는 이 임원이 납품 단가를 좀 내리자고 하면 당연히 내려줘야 돼요. 아무리 단가를 후려쳐도 '이렇게 하면 회사 망합니다' 이런 말은 못 하는 거죠. 말을 잘 들어야 다음에 또 다른 하청업체 대표로 갈 수 있잖아요. 또 원청 임원한테는 이런 '단가 후려치기'가 결국 다 자기 실적이에요. 그러니까 자꾸 자기 라인 사람들을 더 많은 하청업체 대표로 앉히려고 애쓰는 거죠. 회사를 나와도

'끌어주고 당겨주는' 문화는 계속 유지되는 셈이에요."

이렇게 내려간 납품 단가 탓에 하청업체의 순이익은 줄어든다. 그리고 이는 노동자들의 월급이 줄어드는 결과로 이어진다. "내려간 납품 단가만큼의 금액은 결국 어딘가에서 충당돼요. 그중 제일 큰 비중을 차지하는 게 현장 노동자들 인건비인 거죠. 사장들이 이 구실 저 구실 만들어서 자꾸 노동자들 돈을 떼먹는 건 바로 이런 '낙하산 구조' 때문이기도 해요."

퇴직자들의 수혜와 이로 인해 파생된 병폐는 그나마 애교 수준이다. 퇴직자들은 기껏해야 한두 업체의 대표를 맡다가 그 쓰임새가 끝나면 집으로 돌아간다. 그러나 태생적으로 타고난 '핏줄'은 인위적으로 만든 라인과 달리 더 넓은 분야에서, 더 오래도록 생명력을 이어간다. 다시 구광모 LG 회장의 고모들이 소유했던 지수아이앤씨 사례로 돌아가보자.

이 업체는 취재 당시 '일감 몰아주기' 논란에도 휩싸여 있었다. 지수아이앤씨는 여의도 트윈타워뿐만 아니라 LG전자, LG디스플레이, LG유플러스, LG이노텍 등 LG 계열사의 수많은 건물 청소와 보안 업무를 맡고 있다. 이와 관련된 구체적인 수치도 나왔다. '노동인권 실현을 위한 노무사 모임'과 '민주사회를 위한 변호사 모임' 등이 참여한 노동법률단체 조사에 따르면, S&I 코퍼레이션(LG 자회사)은 2020년 7월 기준 총 74개 사업장의 용역계약을 지수아이앤씨와 맺었다. 용역비를 모두 더해보니 694억 원에 달했다. 지수아이앤씨의 2019년 매출액(약 1300억 원)을 감안해보면, 이 업체는 매출의 절반 이상을 LG 계열사의 일감을 통해 채우고 있는 셈이다.[17][18]

일감 몰아주기의 기준이 법적으로 정해진 것은 아니다. 하지만 노동계에서는 친족이 운영하는 기업이기 때문에 이 같은 용역계약이 가능했을 것이라는 의견이 지배적이다. 오히려 이 업체의 남은 매출도 혹시 LG 협력사 등 관계사를 통해 올린 것 아니냐는 의혹을 보낼 정도다. 물론 LG와 지수아이앤씨의 특수 관계가 중간착취로 이어졌다는 증거는 어디에도 없다. 앞서 말했듯이, 이와 관련된 질문을 던지기 위해 지수아이앤씨 측과의 접촉을 시도했지만 업체는 취재에 응하지 않겠다는 의사를 표해왔다. 답답하지만 어쩔 도리가 없었다.

그런데 이때 조금 이상한 일이 벌어졌다. LG 관계자가 먼저 연락을 해온 것이다. 이 관계자의 말을 대략 정리하자면 "LG와 지수아이앤씨는 별개의 기업으로 독자적인 경영활동을 해왔는데, 회장의 고모들이 소유주라는 것 때문에 오해를 받고 있을 뿐이고, 이러한 오해를 불식시키기 위해 고모들이 지수아이앤씨 지분을 모두 매각해 사업에서 손을 떼기로 했다"는 것이었다. 내용은 이해했지만, 이것을 전달하는 경로가 약간 이상했다. 이 관계자의 설명대로 지수아이앤씨와 LG가 별개의 기업이고 독자적인 경영활동을 하고 있다면, 내가 지수아이앤씨와 접촉했다는 사실을 LG 관계자는 어떻게 알았을까. 또 설령 내 움직임이 우연찮게 LG 관계자의 귀에 들어갔다 해도, LG 측이 왜 굳이 본인들과 무관한 지수아이앤씨를 위해 직접 해명에 나섰는지도 선뜻 이해가 안 갔다.

LG 뿐만이 아니었다. 수많은 하청업체 대표를 '배출한' 한 대기업 관계자도 나에게 먼저 전화를 걸어왔다. 메시지는 비슷했다. "원청과 하청업체는 무관하고, 퇴직자들이 대표로 있는 회사는 정당한 경쟁을 통해 용역계약을 따냈다." 이 관계자는 통화 말미에 "나중에 식사나 한번 하자"는 친절함까지 내비쳤다.

기자들에게는 무엇이든 의심부터 하고 보는 못된 습성이 있다. 원청 측의 뜬금없는 연락과 과도한 친절이 어딘가 석연치 않았다. 그래서 원청에도 시선을 고정해보기로 했다.

10 _____ 원청의 과욕

하청업체 입장에서 원청이 정한 방침은 절대적으로 따라야 할 규칙이다. 만약 원청이 하청업체에 과도한 금전적 요구를 하거나 필요한 비용을 보내주지 않는다 해도 대다수 하청업체는 별다른 문제제기를 할 수 없다는 의미다. 옳고 그름을 떠나 현실이 그렇다.

하청업체 대표들은 원청의 과한 요구나 직무유기로 인해 손실이 발생하면 이를 다시 자사 노동자들에게 전가한다. 취재에 응해준 노동자들의 경험과 원청의 그동안의 행태를 종합해본 결과, 중간착취가 발생하는 여러 요인 중 원청의 과욕도 분명 한자리를 차지하고 있었다.

한국철도공사(코레일), 도 넘은 자회사 '쥐어짜기'

이현재 전 자유한국당 의원실이 2018년 발표한 자료에 따르면 코레일은 소속 자회사인 코레일네트웍스, 코레일유통, 코레일관광개발, 코레일로지스, 코레일테그, 이 자회사 다섯 곳으로부터 2013~2017년 '코레일'이라는 브랜드 사용료로 269억 원이 넘는 돈을 받았다.

2013~2017년 코레일 자회사별 브랜드 사용료 납부 현황 (단위: 억 원)[19]

	2013년	2014년	2015년	2016년	2017년	합계
코레일유통	31.1	32.0	33.9	37.9	41.8	176.7
코레일관광개발	6.6	7.1	7.2	6.9	6.1	33.9
코레일네트웍스	6	5.9	5.9	6.5	7.7	32
코레일로지스	4.1	3.4	2.9	1.2	1.2	12.8
코레일테크	3.3	3.1	2.9	1.9	2.4	13.6
합계	51.1	51.5	52.8	54.4	59.2	269

이뿐만이 아니었다. 코레일은 같은 기간에 자회사로부터 배당금, 구내 영업료, 광고료 등 일종의 '그룹 기여금'까지 거둬들였다. 이로 인해 5년간 벌어들인 수익은 총 6073억 원에 달했다.

2013~2017년 코레일 자회사별 기여금 납부 현황 (단위: 억 원)[20]

	2013년	2014년	2015년	2016년	2017년	합계
코레일유통	599	723	782	847	897	3848(176.7)
코레일관광개발	154.8	152.5	153.7	158.4	126	745.4(33.9)
코레일네트웍스	92.8	107.5	150.3	163.5	210.5	724.6
코레일로지스	189.4	153.6	107.7	140	140.8	731.5
코레일테크	5.5	4.7	5.5	5.6	2.5	23.8
합계	1041.5	1141.3	1199.2	1314.5	1376.8	6073.3

코레일네트웍스에서 안전관리사로 일하고 있는 김호성씨는 "자회사 매출이 늘어도 코레일에 기여금 등을 지급하고 나면 당기순이익은 현저히 낮아진다"며 "이런 구조가 고착화되다보니 노동자들의 임금이 올라가기는커녕 제대로 된 처우를 받는 것마저 어려운 것"이라고 지적했다.

실제로 코레일네트웍스의 2017년 매출은 846억1000만 원이었는데, 모회사에 납부한 기여금과 브랜드 사용료는 218억2000만 원에 달했다. 전체 매출의 4분의 1에 해당되는 금액이 코레일로 빠져나간 것이다.

기여금을 지불하지 않았다면 적자가 나지 않았을 자회사도 있었다. 코레일관광개발은 2017년 2억5000만 원의 적자를 봤는데, 같은 해 브랜드 사용료와 기여금으로 지불한 금액은 132억1000만 원이었다.

2013~2017년 코레일 자회사별 매출 및 수익 (단위: 억 원)[21]

	2013년		2014년	
	매출액	당기 순익	매출액	당기순익
코레일유통	2165.6	179.0	2266.0	63.2
코레일관광개발	740.2	21.6	730.7	12.8
코레일네트웍스	758.7	3.1	761.2	16.9
코레일로지스	821.7	−21.9	706.6	−15.4
코레일테크	401.5	9.7	401.7	17.3
계	4887.7	191.5	4866.2	94.8

	2015년		2016년		2017년	
	매출액	당기순익	매출액	당기순익	매출액	당기순익
코레일유통	2470.3	160.8	2705.4	151.6	2838.0	128.5
코레일관광개발	695.4	5.4	603.3	−32.2	558.8	−2.5
코레일네트웍스	835.6	47.5	813.4	33.8	846.1	16.9
코레일로지스	520.4	−4.0	507.1	0.5	526.0	2.3
코레일테크	381.0	12.4	472.4	7.8	366.5	5.7
계	4902.7	222.1	5101.6	161.5	5135.4	150.9

호성씨는 "모회사의 과도한 '쥐어짜기'가 자회사의 수익 악화로 이어지고, 이로 인해 노동자들의 처우 개선 등 정당한 요구가 묵살되고 있다"며 "결과적으로 원청이 중간착취를 부추기는 꼴"이라고 밝혔다.

휴업수당 '나 몰라라' 하는 원청

"2020년에 신종코로나바이러스감염증(코로나19) 때문에 회사 일감이 많이 줄었어요. 자재 수급이 원활하지 않았대요. 그래서 휴업하는 날이 많았는데, 휴업수당을 안 주더라고요."

국내 한 완성차 제조사의 2차 하청업체에서 근무 중인 김상욱씨는 이렇게 말하며 "너무 억울했다"고 털어놨다. 근로기준법 46조(휴업수당)는 사용자의 귀책 사유로 회사가 휴업하는 경우 사용자는 휴업 기간에 평균 임금의 70퍼센트 이상의 수당을 지급하도록 하고 있다. 그런데 상욱씨는 이 돈을 전혀 받지 못한 것이다. 상욱씨는 "자재 공급이 안 된 건 경영자들이 시장 예측을 잘못했거나 계약을 제대로 체결하지 못해서 발생한 일이잖아요. 꼭 그게 아니더라도 어쨌든 노동자들 책임은 아니에요. 그런데도 회사는 그 피해를 노동자들에게 수당을 지급하지 않는 방식으로 메웠어요. 책임을 노동자들한테 전가한 셈이죠."

상욱씨가 속한 회사는 2020년 2월과 3월에 총 5일을 휴업했다. "휴업수당으로 정확히 얼마를 받아야 했는지 저는 잘 몰라요. 그래서 노조에 있는 사람들한테 한번 물어봤는데, 하루에 최소 5만 원씩은 잡아야 한다더라고요. 그러면 2월, 3월 기준 휴업수당으로 25만 원은 받았어야 한다는 계산이 나오죠."

상욱씨는 이처럼 휴업수당을 받지 못한 사람이 자기 혼자만은 아니라고 강조했다. "완성차 제조사 정직원들 사정은 잘 모르겠어요. 그런데 제가 알고 지내는 하청업체 직원 중 휴업수당을 제대로 받은 사람은 한 명도 없어요."

그는 한 1차 하청업체를 예로 들었다. 상욱씨는 이 회사의 2020년 1~6월 미지급 휴업수당은 2억 원이 넘는다고 말했다. "이 회사에 다니는 동료로부터 자료를 받았어요. 자료를 보니까 200명에 가까운 직원이 휴업수당을 못 받았더라고요. 지금 관할 노동지청이 근로감독을 진행 중인 걸로 알고 있는데, 어떻게 결론이 날지는 잘 모르나봐요."

완성차 제조사의 한 1차 하청업체 휴업수당 미지급 현황[22]

구분	개인당 미지급 금액	직원 수	총 금액
1공장 A조	약 180만 원	약 70명	약 1억 2600만 원
1공장 B조	약 170만 원	약 50명	약 8500만 원
2공장 A조	약 10만 원	약 30명	약 300만 원
2공장 B조	약 10만 원	약 30명	약 300만 원
			약 2억 1700만 원

상욱씨는 휴업수당 미지급 사실을 처음 알게 됐을 때 "원청(1차 하청업체)이 준 휴업수당을 소속 회사 사장들이 중간에 빼돌렸다"고 생각했다. 그런데 알고 보니 그게 아니었다. "회사에 몇 차례 따졌죠. 그 과정에서 얘기를 자세히 들어보니 원청에서 휴업수당이 안 나온 거더라고요. 더 알아보니까 아예 '원청의 원청(완성차 제조사)'이 휴업수당을 지급하지 않았대요."

이 완성차 제조사의 생산-납품 체계는 '완성차 제조사-1차 하청업체-2차 하청업체-파견업체-파견 노동자'의 다단계로 구성되어 있다. 그리고 단계마다 '생산 대수만큼만 대금을 지급'하는 방식으로 계약을 체결하고 있다. 따라서 완성차 제조사의 귀책 사유로 휴업을 해도 이로 인한 수당은 발생하지 않는다. 계약상 생산 대수가 '0대'이면, 대금도 '0원'이기 때문이다.

"(휴업수당을 안 준 게) 법적으로 문제가 없는지는 좀더 따져봐야 한대요. 원래는 평균 임금의 70퍼센트를 휴업수당으로 주는 게 맞는데, 우리는 애초에 생산한 만큼만 돈을 받는 걸로 계약을 맺어서 좀 애매한가봐요. 그런데 아무리 생각해도 전 억울해요. 회사가 원청과 어떤 식으로 계약을 맺었는지 직원들은 알 길도 없고, 알려주지도 않잖아요. 아무것도 모르는 상대한테 '일감이 없어졌으니 무급으로 쉬세요' 이러는 건 납득이 안 돼요. 우리 같은 노동자들한테는 굶어 죽으라는 소리나 마찬가지입니다."

고용 형태 공시 정보에 따르면 이 완성차 제조사의 소속 외 노동자(하청업체 직원) 수는 2020년 기준 약 1100명이다. 취재 중 만난 금속노조 관계자는 이 가운데 대다수 노동자가 휴업수당을 받지 못했을 것으로 파악했다. 그는 "진짜 보수적으로 잡아서 휴업수당 미지급금이 한 명당 10만 원이라고 해도, 완성차 제조사 입장에서는 1억 원이 넘는 돈이 굳은 셈"이라고 말했다. "코로나19가 종식될 때까지 휴업일은 계속 발생할 거예요. 그때마다 완성차 제조사는 지금처럼 노동자들에게 수당을 지급하지 않는 식으로 손해를 최소화하려 할 거고요. 그런데 잘 생각해보세요. 이런 특수한 상황이 발생하면 경영진들이 나서서 자재 수급 활로를 뚫든, 거래처와 새로운 계약을 맺든 해야 하는 거 아닌가요? 그런 거 하라고 많은 월급 줘가면서 그 자리에 앉혀놓은 거잖아요. 그런데 본인들 능력 부족으로 발생한 일을 현장 노동자들 임금으로 수습하고 있어요. 이것도 엄연한 중간착취입니다."

11 _____ 원청이 간접고용을 원하는 이유

문제의 근원으로 돌아가보자. 중간착취는 간접고용 때문에 발생한다. 그렇다면 기업은 왜 노동자를 직접고용하지 않고 간접고용하는 걸까. 이에 대해 재계는 노동 유연화 때문이라고 말한다. 노동 유연화의 사전적 의미는 경기 변동에 따라 고용과 해고를 탄력적으로 조정하는 것이지만, 현실에서는 '손쉬운 해고'로 통용된다.

실제로 기업 입장에서는 직고용 직원보다 간접고용 노동자를 훨씬 쉽게 사업장에서 내쫓을 수 있다. 기업이 직고용 노동자를 자르려면 취업 규칙을 어긴 노동자를 징계해고하거나 "긴박한 경영상의 필요"(근로기준법 제24조 제1항)에 의해 정리해고를 하는 방법밖에 없다. 반면 간접고용 노동자를 해고할 때는 하청업체와 계약을 해지하기만 하면 그만이다. 하청업체는 이를 "긴박한 경영상의 필요"로 간주해 자사 직원들을 정리해고하거나, 이마저도 여의치 않으면 폐업한 후 새로 회사를 차리면 된다. 이 같은 '손쉬운 해고'는 노조활동을 옥죄기 위한 수단으로 악용되기도 한다. 하청업체 직원들이 노조를 결성하면 원청이 해당 하청업체와 계약을 해지하는 식이다.

김준섭씨의 사연은 이 같은 간접고용 폐단의 전형이다. 그는 12년 전으로 거슬러 올라가 이야기를 시작했다. "2009년 LCD 패널 제작 회사의 하청사에 입사했어요. 하청업체 비정규직의 삶이라는 게 쉽지 않더라고요. 처우도 안 좋았고, 인권 침해도 심각했어요. 게다가 불법 파견 정황도 보였습니다. 원청 관리자가 목표치를 정해서 하달했고, 직접 작업 내용을 지시했어요. 목소리를 내야 할 필요가 있다고 생각했죠. 그래서 2015년 동료들과 함께 노조를 결성했어요. 이때 원청이 한 달 만에 우리 회사와 계약을 해지하더라고요. 우리 회사는 더 이상 일감이 없다는 이유로 저를 포함한 노동자 전원을 해고했습니다."

너무나 전형적인 수법이었다. 만약 간접고용의 역기능을 알리기 위한 교과서가 존재한다면, 준섭씨의 사례를 첫 페이지에 실어야 할 정도다. 여기까지는 그동안 숱하게 들어온 기업의 악랄함을 다시 한번 상기시켜주는 예시에 지나지 않았다. 그러나 이어진 준섭씨의 분투기는 생각할 거리를 던져줬다. 간접고용과 중간착취에 대한 비판의 목소리가 끊이지 않음에도, 우리 사회에서 이 두 병폐가 쉽게 사라지지 않는 이유를 짐작할 수 있는 내용이었다.

"해고 이후 곧바로 고용노동부 지방청을 찾아가서 원청을 부당 노동 행위와 파견법위반(불법 파견) 혐의로 고소했어요. 지방청은 1년간 근로감독을 진행했고, 고소가 접수된 지 2년 만인 2017년에 사건을 검찰로 넘겼습니다."

그런데 한 가지 석연치 않은 점이 있었다. 고용부는 불법 파견 혐의에 대해서는 기소 의견을 냈지만, 부당노동 행위는 무혐의로 결론 내렸다. "황당했죠. 노조활동을 방해하는 건 명백한 부당노동 행위잖아요. 그런데 이 부분에 대해서 증거가 부족하다고 결론이 난 거예요. 분명한 정황이 있는데도 사측에 유리한 결과가 나오는 걸 보고 '이래서 기업이 간접고용을 선호하는구나'라는 생각이 들었어요." 그래도 희망의 불씨는 남아 있었다. 불법 파견 여부는 여전히 검찰의 수사 대상이었기 때문이다. "불법 파견이 인정되면 원청 정규직으로 복직할 근거가 마련되잖아요. 그래서 일단 긍정적으로 생각하기로 했어요."

그러나 희망이 절망으로 바뀌는 데는 긴 시간이 걸리지 않았다. 사건을 넘겨받은 검찰은 불법 파견 혐의에 대해서도 증거 불충분을 이유로 무혐의 처분을 내렸다. "하늘이 무너지는 기분이었어요. 검찰은 법무부 소속이니 정부의 목소리를 대변한다고 할 수 있잖아요. 정부가 기업 편에 서서 불법 파견을 묵인한 꼴인 거예요. 아예 다퉈볼 생각조차 안 한 거죠. '제발 재판이라도 좀 열어주세요'라고 빌어야 하나 싶었어요. 화가 나다 못해 냉소적이 되더라고요. 이렇게 기업에 우호적인 나라에서 간접고용 제도를 활용하지 않으면 그게 바보라는 생각이 들 정도였어요."

그래도 준섭씨와 동료들은 포기하지 않았다. 이들은 무혐의 처분에 반발해 검찰에 재수사를 요청했다. 이번에도 일은 쉽게 풀리지 않았다. 지방검찰청(지검)은 자체적인 판단을 내리지 못하고 대검찰청 수사심의위원회에 기소 여부를 결정해달라고 요청했다. 결국 수사심의위원회가 원청을 기소해야 한다고 결론 내린 후에야 지검은 원청 관계자들을 파견법 위반 혐의로 불구속 기소했다. 산 넘고 물 건너서 겨우 재판장 앞에 사건이 전달된 것이다. 여기까지 오는 데 꼬박 4년이라는 시간이 걸렸다. "재판을 시작하는 것조차 이렇게 힘든 구조예요. 이러니 불법 파견 재판을 두고 '계란으로 바위 치기'란 말이 나오는 거죠." 검찰의 기소 이후 2년이라는 시간이 지난 2021년 6월 현재까지도 이 재판의 1심 판결은 나오지 않고 있다.

준섭씨의 분투기는 여기서 끝이 아니다. 이번에는 민사소송으로 눈을 돌려보자. 준섭씨와 동료들은 2015년 해고 직후 원청을 상대로 근로자지위확인 소송을 냈다. 간단히 말해서, 계약서상에는 준섭씨가 용역 노동자로 돼 있지만, 실제로는 파견 노동자처럼 일했다는 사실을 법원에 호소한 것이다. 현행법상 제조업에 파견 노동자를 투입하는 것은 금지되어 있다. 따라서 준섭씨의 고용 형태가 파견 노동자로 판결 나면 기업이 불법을 저질렀다는 의미가 된다.

결론적으로 이 재판은 준섭씨와 동료들의 승소로 끝났다. 재판부는 2019년 준섭씨를 파견 노동자로 판단했다. 그리고 "피고(원청)는 원고(하청 노동자들)에게 고용의 의사 표시를 하라"고 주문했다. 원청이 이들을 직고용해야 한다는 뜻이다. 준섭씨 입장에서는 더할 나위 없는 결과였다. 문제는 이 판결 하나를 얻어내기까지 무려 4년이라는 시간이 걸렸다는 점이다. 그마저도 아직 재판이 완전히 끝난 게 아니다. 원청은 1심 결과에 불복해 항소했고, 현재 2심이 진행 중이다. "시간이 너무 오래 걸려요. 170여 명이 함께 투쟁을 시작했는데, 이제 20여 명밖에 안 남았네요."

준섭씨와 동료들은 1심 승소 이후 약 2년이 지난 2021년 현재까지도 복직을 못 하고 있다. 해고 시점부터 따지면 6년이라는 시간을 무직으로 지냈다. 앞으로 얼마나 더 많은 시간이 걸릴지, 그 사이에 또 얼마나 많은 동료가 이 여정을 포기할지 모를 일이다. 기업 입장에서는 시간을 끌면 끌수록 상황이 유리해지는 셈이다. 간접고용이 쉽게 사라지지 않고 있는 근본적인 원인은 결국 이처럼 높은 허들을 만들어놓은 우리 사회였다.

그래도 준섭씨는 6년간의 긴 투쟁 가운데 한 가지 수확이라면 수확을 올렸다. 그 구하기 어렵다는 도급비 산출 내역서를 입수한 것이다. "근로감독 과정에서 2015년 도급비 산출 내역서가 발견됐어요. 노조활동을 하다보면 다른 사업장 노조 관계자들과 대화할 일이 많은데, 이 문서가 그렇게 구하기 어렵다고 하더라고요. 그런데 이걸 제 손에 쥐게 됐으니 영광이죠. 비록 상처투성이인 영광이지만요."

이 문서에는 근무 형태에 따른 1인당 인건비가 표시돼 있었다. 그리고 간접고용이 있는 곳에는 언제나 중간착취가 있다는 사실을 다시 한번 일깨워주고 있다.

준섭씨 소속 업체와 원청 기업과의 도급비 산출 내역서 중 노무비 항목[23]

		1인당 월 임금(단위: 만 원)
세정	3조 3교대 근무	350
절단	3조 3교대 근무	350
절단	주간근무	290
콜드	3조 3교대 근무	350
콜드	주간근무	280

이 산출 내역서에 따르면 콜드 공정 주간 근무자였던 준섭씨는 한 달에 280만 원의 임금을 받아야 했다. 그런데 그는 이에 훨씬 못 미치는 월급을 받았다. "잔업수당까지 포함해서 손에 쥔 금액이 180만 원 정도였어요. 하청업체가 떼어가는 돈이 한 달에 최소 100만 원은 되더라고요."

다른 동료들의 중간착취 정황도 나왔다. 예를 들어 절단 공정

파트에서 3조 3교대로 일했던 한 동료는 한 달에 350만 원의 임금을 받아야 했지만, 실제로는 월평균 220여 만 원(세후)만을 받았다.

"이 문서로 하청업체가 떼어간 임금의 정확한 액수를 알 수 있게 됐잖아요. 처음에는 이 사실이 저희한테 도움이 될 거라고 생각했어요. 그런데 변호사한테 물어보니까 큰 의미가 없대요. 근로계약 당시에 노사가 합의한 임금만 제대로 지급했다면, 중간에서 하청업체가 얼마를 남기든 법적으로 문제가 없다고 하더라고요. 다른 사업장 노조들은 저희가 도급비 산출 내역서를 입수했다며 부러워하기도 했는데 다 부질없다고 말해줬어요. 중간착취를 없앨 수 있는 건 이런 문서 한 장이 아니에요. 간접고용이 사라지지 않는다면, 중간착취는 어떤 형태로든 반드시 존재할 겁니다."

12 _____ 을이 을을 착취하는 야만사회

2021년 1월, 중간착취 기획 시리즈 기사 2회가 보도된 날 윤여준 전 환경부 장관의 소회를 전해 듣게 됐다. 한국일보 독자인 윤 전 장관이 가깝게 지내는 한국일보 기자에게 먼저 이런 메시지를 보냈다.

"그동안 하청업체가 원청의 횡포에 피해를 보는 기사들만 보다가 하청업체의 노동자 약탈 상황을 접하니까 충격을 받을 정도네요. 이런 자본주의가 과연 우리의 미래일 수 있는지, 진보 정권은 과연 이들을 위해 어떤 고민과 행동을 했는지 심각하게 따져보고 분노해야 할 것 같습니다. 도대체 시장은 무엇이며 국가의 존재 이유는 무엇인지 시민으로서 진지하고 심각한 고뇌를 해보라는 메시지처럼 받아들여졌습니다."

그의 시각과 목소리를 더 많은 독자와 나누면 좋겠다고 생각해 기고 요청을 했더니 아래와 같은 글을 보내왔다. 2021년 1월 30일 한국일보에 보도된 기고문이다.

[윤여준 전 장관의 편지-'중간착취의 지옥도'를 읽고][24]

세상에는 양지와 음지가 있다. 양지가 음지 되고 음지가 양지 된다고 한다. 그런데 우리 사회에 절대로 양지가 될 수 없는 음지가 있다. 음지가 아니라 차라리 얼어붙은 땅 '동토凍土'라고 하는 것이 나을 것 같다. 오죽하면 한국일보가 기사 제목을 '지옥도地獄圖'라고 했을까?

노동자와 사용자 사이에 개입해 노동자가 받아야 할 임금의 일부를 떼어내서 중간 이득을 얻는 행위, 중간착취. 근로기준법은 법에 의하지 않은 중간착취를 엄연히 규제하고 있지만 파견 근로, 용역 노동자는 관련 법에 명확한 규정이 없다는 것이다. 하청업체들은 이 법의 빈틈을 노려 무자비한 중간착취를 자행한다. 이렇게 구조화된 착취 속에 갇혀 있는 노동자들은 근로기준법의 보호 울타리 밖에 존재한다.

보호를 전혀 받지 못하고 일방적으로 착취당하는 이 파견·용역 업체 노동자들, 아울러 이렇게 구조화된 착취. 국가나, 정치나, 기업이나, 소비자는 언제까지 외면하고 방치할 것인가? 이러고도 우리는 세계적으로 상위에 꼽히는 경제력을 가진 국가라고 자랑할 수 있을까? 따지고 보면 우리가 착취의 구조화를 전혀 몰랐다고 할 수 있을까? 자본주의 사회에는 자본과 노동 간에 힘의 불균형이 있기 마련이라는 생각으로 당연시했던 것은 아니가?

국가는 쉽게 말해 사회적 약자를 보호하기 위해 존재하는 것이다. 그것이 공공성이라는 가치이기도 하다. 그래서 국가는 공공성이라는 가치가 제도로 뭉쳐진 것이라 하지 않는가?

문재인 정부는 출범 직후 국민주권주의를 선언했다. 나라의 주인은 주권자인 국민이므로 국민의 의사에 따라 국가를 운영하겠다는 뜻이다. 국민주권주의는 언뜻 듣기에 합당한 말 같지만 여기에는 매우 위험한 함정이 있을 수 있다. 대다수 국민이 원하면 무엇이든 할 수 있다는 논리로 국민의 의사를 빙자한 전체주의의 명분을 만들어줄 수 있다는 점이다.

우리는 한 국가의 주권자라고 하면, 스스로도 모르게 비교적 수월하게 사회적 혜택을 받아 겉으로 드러나 보이는 계층만을 생각한다. 그러나 사회 누군가의 탐욕을 위해 희생되고 배제되는 파견·용역 노동자들, 그래서 평소 우리 눈에 보이지 않는 계층이 된 이들도 이 나라의 엄연한 주권자 아닌가?

중간착취가 더욱 잔인한 것은 이것이 을ℤ과 을의 싸움이고, 을이 을을 착취하는 구조라는 점이다. 원청이 갑甲이라면, 그 밑에 있는 하청과 재하청은 을인 셈이고 여기에 고용된 노동자들은 더욱 힘이 없는 을 중의 을인 셈이다.

원청은 법적 의무가 없다고, 도급업체는 권한이 없다고, 그런 이유로 결국 아무도 책임을 지지 않는 상황에서 노동자들의 삶을 방치한다면 우리는 민주주의 이전에 야만사회일 뿐이다.

우리 헌법은 모든 국민이 인간으로서의 존엄과 가치를 가지며(10조), 생활의 모든 영역에 있어서 차별을 받지 않는다(11조)고 규정하고 있다. 그런데 현실을 보면 "헌법은 스스로를 방어하지 못한다"는 말을 절감하게 된다.

이제 우리는 민주주의를 정치적 가치로만 받아들이지 말고 경제적, 사회적, 문화적 관계에서도 적용되어야 하는 가치로 확대해야 할 때가 왔다. 갑의 민주주의와 을의 민주주의가 따로 있을 수 없다. 국가는 지배자들의 이익을 위한 조직이 되어서는 안 된다. 기업 경영은 원래 기업인으로 하여금 윤리적 규범의 한계를 넘어가게 하는 충동을 갖게 만든다. 이 충동이 사회의 공공 윤리 쇠퇴로 이어지지 않도록 끊임없이 견제해야 한다. 이것은 민주 시민의 몫이다.

우리 사회에서 중간착취라는 가장 추악한 형태의 반인륜적 행위가 더 이상 용납되어서는 안 된다. 그래서는 한국의 미래가 없다.

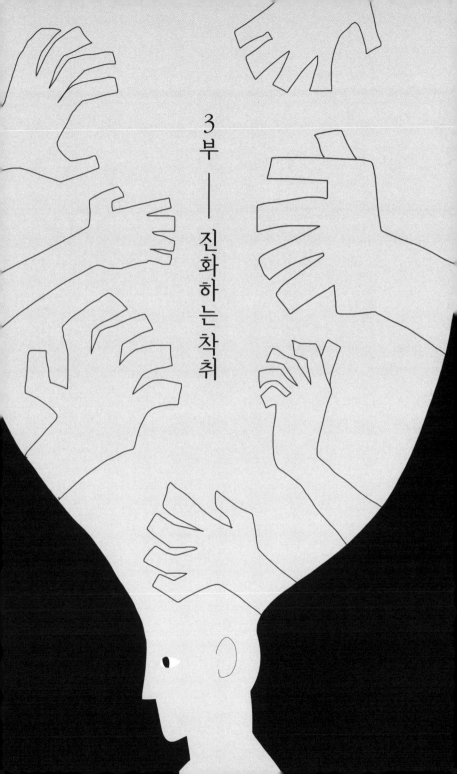

3부 ── 진화하는 착취

1 _____ 2020년의 서연씨는 1998년의 '미스 김'이 부럽다

"영화 「삼진그룹 영어토익반」[25] 보셨어요?"

주변의 '파견 노동자'를 수소문하다가 겨우 연이 닿은 사람은 친구 동생의 친구라는 가깝고도 먼 사이인 김서연씨였다. 대기업 계열사 3년 차 파견 사무직이라는 그가 갑작스레 던진 질문은 다소 뜬금없게 들렸지만, 마침 얼마 전 본 영화이기에 그렇다고 답했다. 이어 생각지도 못했던 질문이 되돌아왔다. "그 영화가 1995년 얘기거든요. 무려 25년 전인데 거기 주인공으로 나오는 여직원들은 파견이나 계약직이 아니라 전부 정직원인 거 알고 계셨어요?"

2020년 10월에 개봉한 한국 영화 「삼진그룹 영어토익반」은 상업고등학교를 나와 바로 취업 전선에 뛰어든 말단 여성 직원들의 이야기다. 실화를 바탕으로 했다고 알려진 영화 속에서 주인공들은 한국에서 가장 잘나가는 대기업에 다니고 있지만 성별과 변변찮은 학력으로 인해 승진은 꿈도 꾸지 못하고 커피 타기, 사무실 청소 등 잡일만 도맡는 신세였다. 그러던 어느 날 주인공을 비롯한 여직원들은 600점 이상의 토익 점수를 받아온다면 '고졸 출신' 역시 대리로 진급시켜준다는 회사의 공고에 부푼 희망을 갖고 영어 공부를 시작한다.

이런 1995년의 장면이 2020년의 '서연씨'에겐 아무리 영화라 해도 받아들이기 힘든 판타지로 여겨졌다고 그는 털어놨다. 영화를 보기 전에는 고졸 출신 여직원인 주인공들이 으레 자신과 같은 처지의 파견직이라고 여겼다는 것이다. "영화를 보는 내내 '나는 전문대이지만 대학도 나왔고, 토익 600점도 훌쩍 넘는데 파견인데, 부럽다'는 생각만 계속 들더라고요."

부끄럽게도 서연씨의 얘기를 듣고서야 궁금해졌다. 비록 만년 사원에다 결혼이나 임신이라도 했다간 주변의 눈총에 반강제적으로 그만둬야 하는 반쪽짜리지만 '그래도 정규직'이었던 그들은 어쩌다 노동 시장에서 더욱 취약한 '최대 2년짜리 파견직'이라는 자리로 밀려났을까.

많은 사람은 삼진그룹의 말단 직원들이 승진을 위해 토익 공부에 열중하던 해로부터 3년이 지난 1998년 2월에 만들어진 '파견근로자 보호 등에 관한 법률(파견법)'을 주범으로 지목하고 있었다. 파견법은 이전까지는 불법이었으나 암암리에 이뤄지던 파견 근로를 법의 테두리 안에 둠으로써 보호하겠다는 취지였는데 오히려 으레 정규직으로 선발되던 자리까지 간접고용의 영역이 집어삼키는 결과를 낳았다. 실제로 2020년을 배경으로 해당 영화가 리메이크된다면 주인공은 틀림없이 파견 아니면 계약직으로 각색될 터다.

파견법이 만들어진 해인 1998년 4만 명 남짓이었던 '합법' 파견 노동자는 매년 꾸준히 늘어 13만 명(2014)으로 정점을 찍은 후 조금씩 줄어들고 있다. 오늘날은 약 9만 명(2020년·고용노동부)으로 전체 임금 노동자의 0.5퍼센트 정도다. 이들 3명 중 1명은 서연씨 같은 사무직으로 이들이 합법 파견의 다수를 차지하고 있다. 그러나 취재를 위해 이들을 만나는 일은 쉽지 않았다. 절대적인 숫자(약 3만 명) 자체가 적은 데다, 사무직 파견 노동자는 대기업의 경우 부서별로 한두 명, 혹은 중소기업이나 사업장 전체에 한 명 정도 근무하는 것이 고작이라 사회적으로 잘 드러나지 않기 때문이다.

지인의 도움을 받아 어렵게 만난 서연씨는 자신의 신분과 다니는 회사는 물론 하는 일 역시 구체적으로 드러나지 않아야 한다고 신신당부를 했다. 1~2년, 짧게는 6개월 단위로 계약서를 쓰면서 아주 작은 트집만으로도 일자리가 순식간에 날아갈 수 있다는 공포가 체화된 듯 보였다. 그는 이렇듯 조심스러운 태도로 인터뷰에 응하면서도 자신의 사례가 '그냥 평범한 이야기'라 기사가 될 수 있을지 모르겠다며 우려했다. 올해 만 스물일곱, 수도권의 전문대학을 졸업했다. 그리 넉넉하지 않은 집안 형편 때문에 휴학 한 번 없이 대학을 마쳤지만 '정규직'을 얻는 일은 만만치 않았다. 백수 상태로 1년이 넘어가자 점차 초조해졌다. 그러다 일이 어렵지 않아 취업 준비를 하면서 돈도 벌 수 있다는 주변의 추천에 온라인 구인·구직 사이트에서 파견 일자리를 찾아 나섰다.

"일단 돈을 벌어야 하니까 파견직이라도 해보자 싶었던 거죠. 나중에 취직할 때 도움 될 만한 실무 경험을 얻을 수도 있고요."

온라인상에는 수백, 수천 개의 파견직 채용 공고가 줄줄이 올라와 있었다. 정규직 일자리를 얻는 일은 이토록 어려운데 파견 일자리는 왜 이렇게 많은 건지 궁금할 정도였다. 이상한 것은 채용 공고에 그가 지원할 회사 이름조차 적혀 있지 않았다는 점이다. 대기업 계열사에서 오전 8시부터 오후 5시까지 사무보조로 일하게 되고, 연봉은 3000만 원이라는 사실이 서연씨가 아는 전부였다. 채용 공고를 클릭하면 작게 덧붙인 '구인 기업의 이름은 지원자에 한해서만 공개한다'는 문구를 볼 수 있었다. 서연씨는 나중에야 알게 되었다. "기업명을 공개하면 파견업체를 통하지 않고 바로 지원 서류를 낼 수도 있어서 미리 안 알려준다고 하더라고요. 그러면 중간에서 소개료 같은 걸 못 받게 되잖아요."

파견 일을 하면 소득세 같은 세금과 4대 보험료 등을 떼어도 200만 원 초반대의 월급을 받을 수 있겠다는 계산이 나왔다. 아르바이트보다는 낫겠단 생각에 서연씨는 더 이상 망설이지 않고 지원을 결심했다. 채용 과정은 간단했다. 이력서를 내고 얼마 지나지 않아 면접 일정이 잡혔다. 출근일이 면접 다음 날로 결정됐고, 파견 업체에서 나온 사람과 근로계약서를 썼다. 비록 기대했던 일자리는 아니었지만 첫 직장에서 잘해보고 싶어 부지런히 일했다. 한 달이 지나 돌아온 월급날 통장에 찍힌 금액은 170만 원. 차액에 대해 세전, 세후 금액이라고 이해해보려고 해도 너무 많았다.

당황스런 마음에 파견업체에 문의했지만 돌아온 건 '뭘 모르는 사람'이라는 핀잔이었다. 파견업체 담당자는 "파견 회사가 무료 봉사를 하겠냐, 상식적으로 연봉을 당신이 다 가져가는 게 말이 되냐"라는 식으로 오히려 그에게 따져 물었다. 서연씨는 이미 근로계약서를 쓰고 일도 시작한 데다 법적으로 이 상황이 옳은지 그른지 따질 엄두도 나지 않았기에 받아들이는 수밖에 없었다. 속상한 마음에 눈물이 다 날 지경이었지만 이번 일로 사회생활 배웠다고 치자, 라고 스스로를 달랬다면서 어깨를 으쓱해 보였다.

파견법에는 2년 이상 된 파견 노동자는 원청이 직접고용해야 한다는 '고용 의무' 조항이 있다. 이 조항 때문에 2년의 파견 기간이 끝나자 서연씨는 칼같이 계약이 종료됐다. 현장에서는 '당연한 일'이기에 그는 속상해하지도 않았다. 대신 다음 일자리는 미리 업체가 가져가는 수수료 등을 꼼꼼히 따져 구했다. 두 번째 일자리 역시 파견직이었다. 또다시 파견을 선택한 이유에 대해 묻자 '사정이 좀……'이라며 말을 아끼기에 더 자세히 캐묻기는 어려웠다.

어느덧 3년이라는 길다면 긴 기간 동안 파견직으로 일하면서 자신이 남의 집에서 일하는 사람 같다는 생각을 자주 한다고 했다. "사실이 그렇기도 하고요"라고 덧붙이면서 서연씨는 어쩐지 쑥스러워했다. 같은 사무실에서 일하는 분들이 좋은 덕에 평소 서러울 일은 그다지 없었지만, 2020년 연말 건강검진 대상에서 본인만 쏙 빠지는 일처럼 '어쩔 수 없는 상황'이 생길 때마다 마음 한구석이 쓸쓸해진다는 것이다. 사무직은 2년에 한 번만 의무 건강검진을 받기에, 재직 1년 차인 그의 이름은 명단에 없었다. 연차나 추가 근무 등 근무 관련 사항을 일하는 곳이 아닌 파견업체와 상의해야 한다는 점도 그를 곤란하게 만든다. 파견이라는 고용 구조상 당연한 일이지만 '당신은 이 회사 소속이 아닙니다'라고 끊임없이 상기시키는 느낌이라는 것이다.

서연씨는 "10년 후에도, 20년 후에도 계속 파견으로 일하고 있을까봐 두렵다"고 했다. 그의 '아는 사람'은 한 은행의 파견 직원으로 시작해 2년 후에는 같은 은행의 계약직으로 또 2년 일했고, 다시 은행 계열사의 파견 직원으로 계약을 맺었다. 파견이 끝나고는 또 2년짜리 계약직이 됐다. 무려 8년을 단 10원의 임금 인상도 없이 일하는 이런 파견 노동자가 주변에 적지 않다는 것이다. 그는 이것이 자신의 미래가 될 수도 있다고 종종 생각한다. 서연씨는 물었다. "파견이 무조건 나쁘다는 게 아니에요. 필요한 일자리니까 있겠죠. 그런데 내내 최저임금 수준의 월급을 받으면서 승진은커녕 언제 잘릴지 모르는 일을 주업으로 해야 한다면 누가 반기겠어요?"

2 _____ 이름값 못 하는 파견법의 탄생

모든 현상에는 원인이 있다. 서연씨를 만나고 나서 20여 년 전에는 그래도 정규직이었던 그들이 오늘날에는 파견 노동자가 된 원인이 라는 '파견근로자 보호 등에 관한 법률(파견법)'이 만들어진 과정 을 들여다보기로 했다. 비록 현실에서는 제대로 기능하지 못하고 있더라도 법의 태동은 선의善意에서 시작됐으리라 어림짐작하면서.

> "파견 근로자를 이용해가지고 거기서 임금 착취를 하고 그러한 시대는 좀 지나갔다고 봅니다. 물론 일부 악용하는 사례도 있겠 지만……."(14대 노동부 장관 이기호)

파견법의 국회 심의가 본격적으로 시작된 1998년 2월 12일 국

이기호 노동부 장관이 1990
년대 국회에서 국회의원들의
질의에 답하고 있다.

회 환경노동위원회 회의록에 또렷이 남은 노동부 장관의 발언을
보는 순간 기대는 산산조각 났다. 10년이면 강산도 바뀐다던데, 강
산이 무려 두 번이나 바뀌는 세월이 흐른 지금도 여전한 파견 노동
자에 대한 착취 현상이 사라졌다고 단언하는 장관에게서 법을 통
해 노동자를 보호하려는 의지는 읽히지 않았다.

　이처럼 파견법은 애초부터 노동자를 위해 만들어진 것이 아니
었다. 외환위기에 따른 국제통화기금IMF 구제금융으로 경제가 휘
청거리던 시기에 김대중 대통령 당선자가 꾸린 노사정위원회에서
'노동 시장 유연화'를 목적으로 합의한 법률안이었다. 비슷한 내용
의 근로자 파견법(가칭)은 김영삼 정권 시절에도 여러 차례 제정
움직임이 있었으나 노동계의 거센 반발로 번번이 보류됐다. 그러나
급작스럽게 터진 경제위기 사태에 새 정부는 근로자 파견제 도입
을 위한 입법 작업 추진을 IMF에 약속하면서 1998년 2월 이내에

법을 만들겠다는 '타임라인'도 함께 제시했다. 법률안을 넘겨받은 국회에서는 여당(새정치민주회의), 야당(한나라당) 가릴 것 없이 한목소리로 파견법에 노동자 보호를 위한 장치가 부족하다고 꼬집었지만, 정부(노동부 장관)는 요지부동의 자세로 법안을 원안 그대로 가져가야 한다고 답변한다. 국회 회의록에서 당시 상황이 가장 선명하게 드러나는 여야 인사들의 질의 장면을 추려 아래에 제시해 본다.[26]

이미경(한나라당) 위원__ 제가 중요하게 지적하고 싶은 것은 파견 근로자를 다른 근로자와 차별대우하지 않도록 노력한다고 (법에) 되어 있는데 저는 이것이 금지되어야 된다고 생각을 하고, 동일한 노동에 대해서는 균등한 대우를 해야 한다는 입장입니다. 물론 동일한 노동이 무엇인가 하는 개념 정의에 있어서는 어려움이 있을 수 있습니다만은 그것은 그때에 따라서 정할 수 있는 융통성이 있다고 생각을 하고 분명하게 대체되어서 들어오는 노동이 있습니다. 그 전에 누가 했던 일인데 들어와서 바로 옆에서 똑같은 일을 하고 있는데 파견 근로자를 사용해서 다른 대우를 하고 있는 경우들이 비일비재하거든요. 그렇기 때문에 여기에 대해서는 분명하게 노력하는 것이 아니고 차별대우를 금지한다고 해놓는 것이 분명하다고 생각을 합니다.

저는 파견 근로가 노동의 유연성의 취지에 맞추어서 확대되려고 하면 싼 임금을 사용하려고 한다든지 이런 의구심에서 벗어나야지 파견 근로가 정착을 하면서 본 취지에 맞추어서 잘되어나갈 수 있다고 생각을 합니다. 그 점에 있어서는 오히려 노동부가 확고한 신념을 가지고 미연에 방지하는 것이 낫지 이것이 사용주와의 하나의 협상 대상이 되는 것처럼 생각해서는 맞지가 않는다고 생각하고 그다음에 IMF에서 요구하기 때문에 2월까지 통과되어야 하는 것으로 아는데 IMF가 요구하고 있는 취지는 정말 노동의 유연성 확보라고 생각하고 있습니다.

그런데 우리나라 사용주들이 그동안 줄곧 주장해온 것은 그것에 플러스해서 저가금低價金(낮은 비용)을 확보해서 사용하겠다는 취지가 있었기 때문에 그 점에 있어서는 이왕 IMF의 요구를 받아서 이것을 그냥 한다면 그 점을 보다 분명히 해서 우리의 사용주들이 가지고 있었던 차별적 대우를 해서 값싸게 사용하자는 취지에서 한다는 의혹을 이번에 분명하게 풀어주시는 것이 좋다고 생각을 합니다.

노동부 장관 이기호__ 아주 고민스러운 부분인데 물론 저희 노동부에서는 위원님 지적 전에 엄격히 하려고 해야 됩니다. 그런데 너무 엄격하게 근로자 보호 쪽만을 강조하다보면 역시 이 제도가 가지고 있는 소위 인력 창출, 일자리 창출이 그러한 쪽으로 인해서 오히려 근로자들에게 일자리를 더 주는 효과, 그런 순기능이 보호를 너무 강하게 하기 때문에 또 침해당하는 그런

부분이 상당히 많습니다.

이미경 위원__ 처음 시작하는 것이니까 우선 원칙에 맞추어서 해보십시오.

노동부 장관 이기호__ 다 아시다시피 과거에는 근로자에 대한 여러 가지 다른 견해를 가지고 있었지만 요즘은 사용자들의 인식도 많이 달라져 있지 않습니까? 그렇게 본다면 파견 근로자를 이용해가지고 거기서 임금 착취를 하고 그러한 시대는 좀 지나갔다고 봅니다. 물론 일부 악용하는 사례도 있겠지만……

이미경 위원__ 그렇기 때문에 차별대우를 하지 않는다는 조항을 보다 분명하게 하는 것이 좋다는 것입니다.

노동부 장관 이기호__ 그것을 너무 분명하게 하면 너무 경직화되어가지고 파견 근로로 일할 수 있는 일자리를 만드는데……

이미경 위원__ 그 점은 소위에서 우리가 합의해서 할 것이니까 정부의 입장은 거기에 대해서 불분명하게 하고 싶다는 입장인 것 같은데 그것은 국회에서 알아서 처리할 문제라고 생각합니다.

노동부 장관 이기호__ 알겠습니다.

방용석(새정치국민회의) 위원__ 다른 조항은 다른 위원님들이 많이 말씀하셨기 때문에 반복적으로는 안 하고 21조의 '균등한 처우'라고 하는 부분을 보면 맨 아래에 '부당하게 차별적 처우를 받지 아니하도록 노력하여야 한다' 이렇게 해놓았는데요. 이것을 '동등한 처우를 해야 한다' 이렇게 바꾸어야 되는 것 아닌가 그런 생각이 듭니다.

왜냐하면 이 파견근로제가 노동 시장의 유연화를 위한 것이 그 목적이기 때문에 임금의 비용이라든지 이런 것을 감소시키는 것하고는 관계가 없는 것 아닌가. 그래서 용어상 이것은 '동등한 처우를 받아야 된다' 이렇게 해야 되지 '차별적 처우를 받지 아니하도록 노력하여야 한다' 이렇게 표기하는 것은 좀 잘못된 것이 아닌가 그런 생각이 드는데 그 점에 대해서는 어떻게 생각하십니까?

노동부 장관 이기호__ 이미경 위원님도 같은 질의를 주셔서 같이 답변을⋯⋯

방용석 위원__ 답변하셨으면 안 하셔도 좋습니다. 그렇게 시인한 것인가요?

노동부 장관__ 저는 그렇게 시인 안 했습니다. 그런데 이미경 위원님은 소위에서 반영하시겠다고 하고 저는 여기에 양면성이 있기 때문에⋯⋯

방용석 위원__ 그러면 답변 한번 해보셔야겠는데요. 좀 말씀을 하시는 것이 좋을 것 같은데요.

노동부 장관 이기호__ 솔직히 말씀드려서 근로기준법에 처우의 제한, 차별화하지 않는 것이 들어가 있기 때문에 그 정신을 살려야 되는 것이 도리이지만 파견법의 취지가 또 하나의 신축적인 인력 관리에 도움이 된다는 그런 측면도 있기 때문에 기본

정신은 차별적 예우를 해서는 안 된다, 하지 않도록 노력하여야 한다고 한 것은 그런 취지를 살리면서 반면에 그것이 근기법상 나와 있는 것에 의해 한다 할 경우에는 신축적 인력 관리에 아주 저해 요인이 있기 때문에 양쪽을 고려하는 측면에서 이런 법 표현을 했습니다.

그래서 저희 정부 입장에서는 소위 노동 시장의 유연성 또 그럼으로써 파견 근로자가 잘 운영됨으로써 일자리를 더 많이 창출해주는 것이 오히려 근로자에게 도움이 되는 그런 쪽으로 하기 위해서는 현 정부가 제안한 이런 조항으로 해주셨으면 합니다.

방용석 위원__ 저는 근로자파견법 도입을 기본적으로 반대하는 사람인데 이것이 IMF 협약으로 인해서 약속되어 있는 조항이기 때문에 불가피하게 만들어지는 것이다 이렇게 생각해서 이 부분이 만들어진 것을 긍정적으로 생각하면서 얘기를 하는 것인데 지금 이미 기업 내에 많은 파견 근로자들이 있습니다. 정확하게 모르지만 한 5만, 6만 명 된다, 이렇게 얘기를 하는 것 같은데 이 사람들이 현장 내에서 근무하고 있는 기존 노동자들보다 임금이 적게는 20퍼센트 많게는 40퍼센트까지 적게 받는 경우가 있습니다. 이를테면 여성 부인 노동자들은 40퍼센트까지 적게 받습니다. 수원에 있는데 공장 이름도 제가 댈 수 있습니다. 그래서 이런 것들을 동등한 대우를 한다고 명시하지 않을 경우에는 결국 파견 근로자 문제 때문에 중간착취자가 생겨서 많은 노동자가 희생될 수밖에 없고 그렇게 길들이기 시작하면 기존에 근무하고 있는 노동자들의 임금을 점점 낮출 가능성이 많습니다.

이것은 근로기준법에 명시되어 있는 정신 그리고 현재에 나타나고 있는 잘못된 사례 이런 것들에 비추어봐서 업주들이 악용하지 못하도록 또 파견 근로자 회사를 만드는 그 업체가 너무 많은 이윤을 착복하지 못하도록 하기 위한 법안으로 만들어져야 한다, 저는 그렇게 생각합니다.

노동부 장관 이기호__ 다시 한번 말씀드리지만 이 조항을 일종의 직접적으로 하는 방법도 있지만 그러나 양면성이 있기 때문에 사실은 간접적으로 소위 차별적 예우를 못 하도록 직접 표현은 아니지만 다 표현이 되어 있어요. 예를 들면 3자의 합의가 있어야 된다고 근로 조건을 체결할 때는 당사자들의 합의가 있어야 되고 그런 과정에서 가령 차별화를 한다 하면 바로 당사자들이 제시할 수 있다는 말입니다. 그러면 계약이 체결이 안 되고 하는 것입니다. 물론 직접적인 구속력은 없습니다만 간접적인 장치를 했습니다.

보호라는 입장에서 그렇게 하고 싶은 생각이고 정말 저희도 100퍼센트 동감입니다. 그러나 그것이 자칫 유연성을 너무 경직화해서 일자리를 오히려 줄이는 그런 위험이 있어서 그렇다는 말씀입니다. 아무튼 이 부분은 보는 시각에 따라 양면성이 있기 때문에……

이 장관은 노동자를 '보호'하라는 의원들의 요구에 그렇게 하면 파견 일자리를 늘리는 효과가 줄어들 수 있다면서 난색을 표했다. 또 사용자들의 인식이 바뀌었기 때문에 임금 착취 등의 부작용이 일어나지 않을 것이라고 선을 그었다. 국회 회의 내내 그는 같은 자세를 고수했다. 민주노총은 정리해고제와 함께 파견법의 도입을 결사반대하는 총파업 계획을 세웠지만, '국가 경제위기'라는 대의 앞에서는 철회 결정을 내릴 수밖에 없었다.

2004년 10월 서울 대학로에서 열린 '비정규 노동법 개악저지 양대노총 전국노동자 대회'에서 한 노동자가 파견법 철폐 주장을 담은 장식을 하고 있다.

결국 같은 해 2월 14일 밤 관련 법안은 국회에서 통과됐다. 보호 장치는커녕 파견 근로의 허용 업종을 애초 노사정위의 합의안보다 넓힌 법안이었다. 노사정위는 '전문 지식 분야의 경우 파견제 허용 업종만을 명시하고, 단순 업종은 금지 업종만 규정하자'며 범위를 제한했으나 국회는 '제조업 직접 생산 공정 업무를 제외한 전문 지식 등'으로 폭을 넓혔다. 그동안 법으로 금지되던 간접고용의 문이 활짝 열린 것이다.

노동계는 법 제정 이후에도 파견법을 '중간착취 법'으로 규정하고 이를 폐지할 것을 주장하고 있다. 그러나 이미 만들어진 법을 폐지하는 일은 새로 법을 만들어내는 것보다 어려운 법이다.

3 _____ "당신 아니라도 일할 사람 많다"

"16년을 도시가스 안전 점검원으로 일했는데, 사실 처음에만 해도 직접고용 노동자였거든요. 도시가스 공급사 소속 직원이요."

IMF 외환위기 당시 건설 현장에서 일하던 남편이 일자리를 잃자 살림에 보태려고 일을 시작했던 16년 차 '워킹맘' 지숙씨는 애초에는 도시가스 공급사의 정직원이었다고 했다. 도시가스 공급은 흔히 공기업이 맡는다고 생각들 하지만, 전국 대부분의 도시가스 공급 사업자는 민영 사업자다. 서울 지역에만 5개의 도시가스 공급사가 있는데, 그중 S 공급사는 20여 년 전만 해도 지숙씨 같은 안전점검원을 본사 소속 직원으로 고용했다.

처음에는 누구나 이름만 들어도 아는 탄탄한 회사에서 근무시간을 스스로 조절할 수 있어 애들을 키우면서 일하기 좋다는 주변의 말을 듣고 이 직업을 택했다. 도시가스 점검원 구인 정보에도 '매월 할당된 양을 자신이 원하는 시간에 처리, 시간을 자유롭게 쓸 수 있는 어린 자녀를 둔 주부도 쉽게 할 수 있는 일'이라고 적혀 있었다.

"그런데 어느 날 안전 점검 업무를 따로 밖에 떼어주게 된 거죠. 돈 아끼려고."

도시가스 공급사가 비용 절감을 이유로 안전 점검 업무를 외주화하면서 지숙씨 같은 점검원들은 별안간 간접고용 노동자로 밀려났다. 주로 본사에서 명예 퇴직한 고위 관리자들이 고객센터를 차리고 안전 점검원들을 고용하는 구조였다. 본사에서 한자리씩 차지하던 높은 분들은 이렇게 은퇴 후에도 먹고살 길을 마련하게 됐으나 지숙씨의 먹고살 길은 막막해졌다. 하는 일은 전과 똑같은데, 월급은 120만 원에서 98만 원으로 줄인다는 일방적인 통보가 내려온 것이다. 센터장의 임기가 바뀔 때마다 계약직인 점검원의 재계약이 이뤄지면서 고용도 불안해졌다. 그의 이야기를 듣는 와중에 머릿속에 무심코 이런 생각이 떠올랐다. '어딜 봐도 불합리한 조건인데 도대체 왜 받아들인 걸까.' 지숙씨는 이렇게 덧붙였다. "저도 당연히 부당하다고 생각했지만 회사에서는 '당신 아니라도 일할 사람 많다'는데 어쩌겠어요. 애들 학원비라도 벌려면 별수 없었죠."

도시가스 안전 점검원이 하는 일은 가스계량기 검침과 점검, 고지서 송달 등의 업무를 통해 가스 사고를 예방하는 일종의 공공

서비스다. 그러나 외주화로 직접고용의 울타리 밖으로 밀려나면서 오늘날에는 높은 노동 강도와 최저임금 수준의 급여로 악명 높은 일자리가 됐다.

주택 바깥의 배관 점검과 옥상의 계량기 점검, 또 집 안에서 이뤄지는 연소기와 차단기 점검 등에 걸리는 시간은 10분 남짓이다. 주 40시간 간주근로제 아래 산술적으로 계산하면 하루 근무 시간을 8시간으로 봤을 때 총 48가구를 점검할 수 있다지만 가가호호를 이동하는 데 걸리는 시간을 감안하면 실제로는 하루 30가구도 어렵다. 또 고객이 집에 없으면 기껏 문 앞까지 찾아갔어도 허탕이다. 매달 해야 하는 검침과 고지서 전달에 쓰이는 시간을 빼면 실제 점검에 쓸 수 있는 시간은 또 줄어든다. 이런 상황에서 지숙씨는 홀로 5000세대를 책임지고 있다.

회사에서 내린 할당량을 채우기 위해서는 야간근무는 물론 휴일에도 일할 수밖에 없다. 새벽이나 심야를 가리지 않고 오는 고객의 연락에도 답해야 한다. 물론 추가근무 수당은 없다. 코로나19 확산이 심각한 상황에서도 방문 점검 실적을 채우라는 요구에 시달렸다. 서울시는 수도권 거리 두기가 2.5단계로 높아지자 고객이 원해도 가스 방문 점검을 하지 말아달라는 공문을 시내 5개 가스 공급사에 전달했다. 그러나 공급사와 계약을 맺고 점검 업무를 맡은 고객센터 일부의 생각은 달랐다. 서울시의 중지 요청에 관계없이 방문 점검 실적을 채우라는 지시를 내린 것이다. 점검원들은 고객으로부터 '전염병 상황에서 무슨 방문이냐'는 핀잔을 들으면서도 연락을 돌려 일정을 잡아야 했다. 지숙씨는 이를 "고객센터가 점검원을 고용하고 있어서 벌어진 일"이라고 했다.

한 도시가스 공급사 아래에 수십 개의 고객센터가 업무를 위탁받고 서로 경쟁해, 방문 점검 실적에 따라 공급사가 고객센터에 주는 성과급의 액수가 달라지고 재계약에도 영향을 미친다. 코로나19 확산이라는 상황에서도 을인 고객센터는 실적에 목을 맬 수밖에 없다. 그 과정에서 병^丙, 정^丁, 무^戊일 수밖에 없는 점검원들이 쥐어짜였다.

업무 외적인 환경 역시 제대로 갖춰져 있다고 보기 어려웠다. 도시가스 안전 점검원들은 대면 업무인데도 마스크조차 제대로 지급받지 못했다. 코로나 확산 초기 마스크 수급이 어렵던 시기에는 며칠씩 사용해 보풀이 일어난 마스크를 쓰고 다녔다. 여성 혼자 일하면서 겪는 성폭력이나 폭행의 경험은 점검원이라면 모두 겪어봤을 거라고 그는 무심한 투로 말했다. 지숙씨는 "점검 방문을 했는데 고객이 알몸으로 성큼 다가와서 너무 놀라 몸이 굳어버린 적이 있다"고 전했다. 집에 들어오지 말라며 욕설과 함께 손을 휘두르는 고객도 겪었다고 했다. 계량기가 높은 곳에 있거나 담장 안에 있어 난간에 매달리거나 비좁은 틈에 들어가야 하는 업무의 특성상 일하다가 다치는 것도 빈번하지만 누구도 책임지지 않는다. 담을 넘다가 떨어져 산업재해를 신청했던 동료 점검원은 재계약을 하지 못했다. 지숙씨는 농담처럼 말했다. "우리는 일하면서 개한테 세 번은 물려야 '가스 밥' 먹는다고 해요."

간접고용 노동자 100인의 목소리를 빌려 중간착취를 고발한 기사가 나간 이후 공감하고, 이를 해결해야 한다는 반응이 다수였지만 '본인들이 선택한 직업 아니냐'는 비아냥도 있었다. 불합리한 착취가 있다는 사실을 인정하면서도, 싫으면 다른 일 하면 되는 것 아니냐는 논리다.

하지만 마지못해 한 선택이라도 '선택'이라고 불러야 하는 걸까. 경제위기로 인해 생활 전선에 뛰어들었던 40, 50대 여성인 지숙씨와 그의 동료들. 가정을 돌보는 엄마의 역할에 더해 생계를 꾸려가기 위해, 노동 시장에 계속 남아 있으려면 깎인 월급과 불안정한 지위, 때로는 무급 노동까지 감수해야 했다.

"당신 아니라도 일할 사람 많다."

이 '마법의 문장'은 수많은 사람을 간접고용의 영역으로 떠밀었다. 공장 노동자, 백화점 판매원, 도시가스 검침원, 청소원, 마트 종업원, 대리운전 기사, 경비원 등이 오늘도 이 문장 앞에서 울분을 삼키며 고된 현실을 묵묵히 감내한다. 최저임금 남짓이라도 벌기 위해 이들이 노동 시장의 변두리에서 버티는 사이 간접고용 시장은 폭발적으로 성장했다. 2년 이상 파견 노동자를 쓰고 나서는 직접고용해야 한다는 파견법은 법전 바깥의 현실에서는 아무런 힘을 발휘하지 못했다. 파견 노동자를 사용한 사업주들은 약속이나 한 듯 2년이 되기 전에 계약을 종료했다. 기간제 노동자 역시 비슷한 처지다.

파견법이 연 '지옥문'은 수치로도 증명된다. 1998년 법 제정 당시 간접고용 규모는 파견 노동자 4만 명이 전부였다. 그러나 파견법 제정으로 무너진 직접고용 원칙은 기업들이 직접고용하고 있던 노동자를 간접고용으로 돌리는 꼼수의 발단이 됐다. 오늘날 파견과 용역, 호출 노동, 플랫폼 노동을 모두 합친 간접고용 노동자의 수는 346만 명이다.[27] 그리고 이것은 전체 임금 노동자의 17.5퍼센트에 달하는 비율이다.

4 _____ 우리 회사가 갑자기 사라졌다

체념^{諦念}

〔명사〕 희망을 버리고 아주 단념함.

유의어 단념, 좌절, 절망

표준국어대사전에 실린 '체념'이란 단어에 대한 설명이다. 간접 고용 노동자 100명과의 대화에서는 유독 이런 체념의 정서가 짙게 느껴졌다. 이들이 희망을 버리게 된 이유는 남들보다 노력을 덜했 다거나 게을러서가 아니다. 아무리 부딪혀도 깨지지 않았던, 견고 하고 단단한 착취의 벽을 이미 뼛속 깊이 절감한 탓이다.

하루아침에 다니던 회사가 두 번이나 감쪽같이 사라진 걸 본 연철씨도 그런 사례가 아닐까. 같은 제조 공장에서 같은 업무를 10

년 동안 하는 사이 그가 속한 파견업체는 무려 네 번이나 바뀌었다. 별문제 없이 업체가 인수인계된 적도 있지만, 연철씨에게조차 알리지 않고 폐업을 하거나 업체명과 사장을 소리 소문 없이 변경해버린 사례도 있었다. 회사 사정이 어려워져서 그런 건 아니었다. 이른바 '위장 폐업'이었다. 연철씨는 이렇게 설명했다. "파견업체를 운영하다가 퇴직금이나 혹은 내야 하는 세금이 쌓이면 1년에 한 번씩 간판 바꾸고, 바지사장 내세웠다가 또다시 바꾸는 거죠. 그사이에 세금은 '인 마이 포켓(착복)' 하고요."

일부 파견업체는 폐업 몇 달 전부터 노동자들의 4대 보험료와 부가가치세를 내지 않고, 임금 지급을 미루다가 폐업과 동시에 '한 몫' 챙긴다. 그리고 곧장 회사 이름, 즉 간판과 대표자 이름만 바꿔 다시 파견업체를 차린다. 이는 정규직 전환을 피하려는 원청업체의 이익과도 맞닿아 있다. 여기서 손해를 보는 사람은 연철씨뿐이다. 그의 월급에서 다달이 10만 원씩 떼어가던 퇴직금과 밀린 주휴수당은 파견업체가 폐업을 하면서 증발해버렸다.

"못 받은 돈은 200만 원 정도인데, 적어 보일 수도 있지만 하루 벌어 하루 먹고 사는 사람들에게는…… 그런데 그런 사람들을 정부에서는 별로 신경 안 쓰는 거 같더라고요."

고용노동청에 이를 신고했지만 별 소득은 없었다. 신고서를 접수한 노동청에서는 연철씨가 다녔던 파견업체가 이미 없어진 데다 사장의 이름을 알고 있는데도 당사자를 못 찾겠다면서 사건을 흐

지부지 끝냈다. 수령해야 할 퇴직금은 한 푼도 받지 못했다. 주휴수당도 마찬가지다. "아쉬운 사람은 나밖에 없죠. 누가 알아주겠어요, 이런 상황이 얼마나 억울한지."

두 번째로 같은 일을 겪었을 때 연철씨는 신고조차 하지 않았다. 앞선 경험 탓에 제대로 해결되리란 기대가 없었기 때문이다. 그의 목소리에는 체념이 묻어났다. "어차피 힘없고 백 없는 사람이 고용노동부 가봐야, 뭐. 기자들 앞세우면 그나마 봐주려나 몰라도. 고용부도 바쁘다는데, 이런 사소한 일에 신경이나 쓰겠어요."

이런 위장 폐업은 숱하게 일어난다. 연철씨 역시 자신이 겪은 일을 전하면서 "주변에 이런 경우가 허다하다"고 했다. 보고 들은 일이 너무나 많기 때문이다. 실제로 안산시비정규직노동자지원센터가 3년간(2018~2020) '파견 노동 1번지'인 안산 지역의 파견업체

2015년 연말, 파견업체가 몰려 있는 경기 안산역 일대 사무실 앞에서 구직자들이 파견 노동자 모집 공고를 보고 있다.

유지 현황을 조사한 결과 2018년 정부에서 허가받은 파견업체 179개 중 118개(66퍼센트)가 1년 만에 폐업했다. 2020년까지 유지된 업체는 단 27개(15퍼센트)뿐이었다. 파견업체 허가를 받아 운영하다가 불법인 게 드러나거나 문제가 생기면 폐업하고, 상호와 대표를 바꿔서 곧바로 신설한 것이다. 이외에 무허가로 의심되는 파견업체도 126개나 됐다.[28]

이렇게 굴러가는 파견 시장에서는 간접고용 노동자들에게 퇴직금 같은 중간착취뿐 아니라 기약 없는 비정규직 생활도 '덤'으로 주어진다. 현행 '파견근로자 보호 등에 관한 법률'에 따르면 제조업체는 일시적, 간헐적인 사유에 의해 최대 6개월까지만 파견직을 쓸수 있다. 그러나 같은 공장에서 일하면서 파견업체만 바꿨던 연철씨처럼 원청과 하청업체는 이 조항을 악용해 다른 파견업체를 찾거나 업체의 이름만 바꿔 파견 노동자와 6개월 단기 계약을 반복한다. 연철씨는 "원청에서도 파견업체를 통해 일하는 걸 좋아한다"면서 "급여만 책정해서 내보내면 회사에서는 신경 쓸 일이 그다지 없으니까요"라고 했다.

파견업체가 차곡차곡 부를 쌓아가는 사이 10년을 일한 연철씨의 임금은 늘 최저임금 언저리를 맴돌았다. 계약서에 따라 주급을 받을 때도 있고 월급을 받을 때도 있었지만 단 한 번도 100만 원대를 넘기지 못했다. 그렇게 지내며 어느덧 예순이 된 그는 얼마 전 공장을 나와야 했다. 주로 어깨를 사용해 무거운 짐을 옮기는 일을 오래 한 탓에 어깨 근육이 파열됐기 때문이다. 연철씨는 말했다. "갑자기 아픈 건 아니고 1, 2년 전부터 통증이 있었지만 직업병이라고 생각하고 그냥 견뎠습니다. 그렇게 생활하다가 도저히 안 되겠다 싶어서 병원에 갔더니 수술해야 한대서 자의 반 타의 반으로 그만뒀죠."

의사는 '일하다가 근육이 파열된 것 같다'는 진단을 내렸지만, 연철씨는 산업재해 신청은 하지 않을 거라고 했다. 물론 파견업체에도 퇴사 사유를 제대로 알리지 않았다. 어차피 누구도 신경 써주지 않을 거라고 여겨서다. "일용직이 아프다고 누가 신경이나 쓰나요. 정규직이면 회사에다 병가 내고, 산재 처리도 해주겠지만. 일용직 파견업체에서 나가는 사람은 신경을 안 쓰는 것 같아요."

그런 연철씨에게, 아니라고, 한번 산재 신청을 내보라고 쉽사리 권유할 순 없었다. 현실은 그의 말대로 그리 녹록지 않음을 나 역시 알고 있기에 그 말은 오래도록 목 끝에 걸린 채 나오지 않았다.

5 _____ '진짜' 사장님은 누구일까

서울에 위치한 중소기업에서 사무보조로 일하는 미연씨, 자동차 부품 제조 공장의 선일씨, 아파트 경비원 학수씨, 대학 건물 청소를 하는 이자씨. 하는 일과 나이, 성별이 다 다른 이들은 모두 파견·용역 근로자다. 간접고용 노동자라는 점 외에도 이들에게는 공통점이 또 있다. 바로 자신이 속한 회사의 대표, 즉 '사장님'이 누군지 모른다는 사실이었다.

"파견업체 사무실에 가본 적은 없어요. 워낙 비슷비슷한 업체가 엄청 많기도 하고요."

재직자 특별전형으로 대학에 진학한 미연씨는 업무와 학교생활을 병행하기 위해 2019년부터 지금 다니는 회사에서 파견노동을 시작했다. 보통 오후 6시나 7시쯤에 대학 강의가 시작되기 때문에 야근이 잦거나 일이 많은 회사는 곤란해서 채용 공고에 '단순 업무'라고 적힌 파견직에 지원했다. 벌써 1년 6개월째 일하고 있지만 그가 고용주인 파견업체 사람을 만난 횟수는 단 두 번뿐이다. 원청 격인 중소기업에서 면접을 볼 때 한 번, 그리고 근로계약서를 쓸 때 또 한 번 파견업체의 대리라는 사람이 와서 인사를 했다. 그 이후로는 얼굴을 보기는커녕 연락조차 오가지 않았다. "계약서 쓰고 나서는 파견업체에서 전화도 걸어온 적이 없어요. 명절에 집으로 햄이랑 참치 세트를 보내주긴 했지만요."

명절마다 오는 선물 세트를 제외하면 미연씨가 속한 파견업체와 그의 연결 고리는 거의 전무하다. 현재 다니는 회사 이전에도 파견업체를 통해 비슷한 직종에서 일했던 그는 대부분의 파견업체가 사정은 비슷하다고 했다. "파견업체에서는 '일자리를 소개해줬으니 고마워해라'라는 태도로 노동자를 대해요. 그러니 무슨 소통을 하겠어요."

이런 상황에서 '사장님이 누구냐'는 질문에 미연씨는 자연스레 자신이 매일 출근하는 중소기업의 대표를 떠올릴 수밖에 없었다. 하지만 가끔 오가면서 안면이 익어버린 회사의 '이 사장님'은 법적으로 그의 고용주가 아니다. 미연씨의 진짜 사장님은 얼굴 한 번 보지 못하고 이름도 제대로 모르는 파견업체의 대표다.

하도급업체 소속으로 노동자 100여 명과 한꺼번에 같은 공장으로 일하러 나온 선일씨도 마찬가지다. 그는 "원청이 요청하는 인

원만 공장에 밀어넣고 '알아서 회사 다니라'는 식이었다"고 전했다. 원청·하청 어디와도 근로계약서는 쓰지 않았고, 4대 보험은 '해달라'고 요구하는 노동자에게만 가입을 시켜줬다. 선일씨 역시 공장 사장님의 얼굴은 물론 연배, 성격, 취미 등 소소한 것들까지 파악하고 있었지만 그의 실제 고용주인 파견업체 사장에 대해서는 전혀 아는 바가 없었다.

아파트 경비원 학수씨는 입주민 모두가 사장님으로 느껴지지만, 콕 집으라면 자신의 처우를 결정하는 입주자대표회의라고 본다. 근로계약서상으로는 경비업체 소속이지만 입주자대표회의에 의해 언제든 계약 해지가 가능한 구조라 소속 업체보다는 이곳의 눈치를 더 살피게 된다는 것이다. 물론 경비업체에서도 가끔 학수씨가 일하는 현장에 찾아온다. 그러나 잊을 만하면 그가 일하는 아파트에 와서 하는 일은 '단추를 제대로 잠가라' '옷차림을 단정히 해라'라고 잔소리를 하는 것이 전부다. 이자씨에게도 사장님은 그가 청소하는 대학의 '총장님'이었다. 청소업체 대표가 누구냐고 묻자 그는 고개를 갸웃하며 제대로 된 답을 하지 못했다.

이처럼 '나의 사장님'을 정확히 모르는 간접고용 노동자는 한두 명이 아니었다. 관심이 없어서는 아니다. 일은 원청업체에서 하면서 근로계약은 하청업체와 맺는 고용 형태가 간접고용이다. 이로 인해 빚어진 사용주(원청)-고용주(용역업체)-노동자로 이뤄지는 '삼각 고용' 구조 때문에 벌어진 상황이다. 법적으로 파견업체 소속이라는 사실을 알고는 있더라도 이들과는 일을 구할 때 한두 번 보는 것이 고작이다. 매일매일 살을 부대끼고 일하는 이들은 원청에 있기에 자연스레 몸도 마음도 그들과 가까워질 수밖에 없다. 업무 지시도 원청에서 하고, 계약 연장이나 해지 권한 역시 사실상 원청에 있다. 법적으로 업무 지시가 금지되는 용역 형태의 노동자라도 사정은 별반 다르지 않다. 실제로는 상당수가 원청의 지휘 명령을 받으며 일한다.

파견법 이후 노동 시장 전반으로 빠르게 퍼진 이런 삼각 고용 구조는 간접고용 노동자를 노동 시장에서 상당히 애매한 위치에 놓아두었다. 노동자의 권리를 보장할 책임 구조는 복잡하게 얽혀 결국 누구도 책임지지 않게 되어버린 것이다.

"실제 사용주와 고용주가 같은 경우도 노동자가 투쟁을 통해 뭔가 얻어내기는 쉽지 않거든요. 그런데 심지어 사용주와 고용주가 다르면 이건 정말 어려워집니다."

취재 과정에서 만난 노조 관계자는 이렇게 말했다. 부당한 상황이 생겨 간접고용 노동자가 항의하는 등 상황이 '시끄러워'지면 실제 사용자인 원청에서는 계약을 해지해버리고 이제는 상관없는 일이라고 선을 긋는다는 것이다. 원청은 현행법상으로도 단체교섭 의무가 없는 데다 이렇게 되면 법적으로나 제도적으로나 간접고용 노동자가 싸울 근거가 없어진다. "법적 고용주인 하청업체는 이런 상황을 해결할 능력도 권한도 없죠. 파견·용역업체는 대표 하나에 직원이 기껏 몇 명밖에 안 되는 경우도 많습니다."

원청업체는 책임질 필요가 없고 하청업체는 책임질 능력이 없다. 지금까지 간접고용 시장은 원청·하청이 이런 이유로 '눈 가리고 아웅'을 주고받는 형태로 굴러왔다. 원청·하청 모두에게 이득이었다. 손해를 보는 사람은 간접고용 노동자뿐이다. 노동자를 빼면 모두가 '해피'하다.

그런데 정말, 이대로 괜찮은 걸까.

"이런 나쁜 일자리로 유지되는 사회는 절대 발전할 수 없어요. 정당한 임금을 주고 안정적인 직장을 만드는 데 기업과 사회가 함께 책임을 져야 더 나은 사회로 나아갈 수 있습니다." 정흥준 서울과학기술대 경영학과 교수의 단언은 간접고용 노동 시장의 개선이 자비나 아량을 베푸는 차원에서 이뤄져야 하는 일이 아니라는 사실을 짚는다.[29]

노동자들의 고혈로 굴러가는 간접고용 노동 시장의 구조가 지금은 굳은 벽돌처럼 단단해 보일지라도 결국 사상누각이라는 것이다. 이대로라면 언젠가는 와르르 무너질 수밖에 없다는 경고다.

6 _____ 간접고용 노동자는 어디에나 있다

"나는 이미 기자 명함 하나 있어~ 자기가 가질래?"

여의도의 고층빌딩에서 청소를 하는 예진씨와 서영씨는 '죄송하게도 명함이 한 장밖에 없다'는 인사와 함께 건넨 내 명함을 신기한 듯 서로 이리저리 돌려 보더니 까르르 웃음을 터트렸다. 얼마 전에 다른 신문사 기자를 만나봤다는 예진씨의 양보에 결국 명함을 갖게 된 서영씨는 이를 한참 동안 들여다보다가 휴대전화 케이스에 조심스레 끼워넣었다.

중간착취 사례를 듣기 위해 만난 간접고용 노동자들 중 두 사람은 취재를 마치고도 유난히 기억에 오래 남았다. 언론과는 연이 없어 기자의 명함을 기념으로 간직하는 듯한 태도도 인상적이었지만 예진씨와 서영씨를 만나게 된 것은 그 자체가 순전히 실수에서 비롯된 우연이었기 때문이다.

　무척 쌀쌀했던 겨울의 어느 날 여의도 쪽으로 향한 건 청소 용역업체 변경 이후 고용 승계 문제로 몸살을 앓던 또 다른 빌딩, LG 트윈타워 청소 노동자를 만나기 위해서였다. 미리 노동조합 관계자에게 연락하고 찾아갔는데, 의사소통에 오류가 있었던 모양인지 LG트윈타워 소속이 아닌 인근 다른 빌딩의 청소 노동자 두 사람을 소개받게 됐다. 잠시 당황했지만, 이내 세간의 관심은 비교적 덜하더라도 이들이 일하는 빌딩 역시 LG트윈타워와 비슷한 고용 승계 문제로 갈등을 빚고 있다는 사실을 알게 됐다.

　해가 바뀌는 시점과 맞물려 교체된 여의도 두 고층빌딩의 청소 용역업체들은 이전에 일하던 노동자의 일부 혹은 전부에게 '해고'나 다름없는 근로만료통지서를 보냈다. 갑작스레 일터에서 내쫓긴 노동자들은 세밑 한파가 계속되는 거리로 나서서 농성을 시작했다. 예진씨와 서영씨가 일하는 빌딩과 LG트윈타워의 거리는 약 600미터였다. 걸어서 10분 이내인 여의도 두 마천루의 청소 노동자들은 마치 붕어빵처럼 꼭 닮은 상황에 처해 있었다.

　"여기서 15년을 일했지만 원래 청소하는 사람들은 다 안고 가는 게 보통이거든요. 용역업체만 여섯 번 바뀌었는데 한 번도 안 그랬던 적이 없어요."

　본격적으로 인터뷰를 시작하자마자 예진씨는 울분을 터트렸다. 8년을 일했다는 서영씨도 '맞아, 맞아' 하며 거들었다. 공공기관과 달리 민간 사업주는 다른 업체와 용역계약을 맺더라도 기존 용역업체 노동자의 고용을 승계해야 할 법적 의무가 없다. 그렇지만 현장에서는 이를 관행처럼 지켜왔다. 두 사람이 다니는 빌딩 역시 그동안 1, 2년을 주기로 청소 용역업체가 수차례 교체되는 과정에서 어떤 이유로든 이전에 일하던 사람이 잘리는 경우는 없었다. 그런데 2020년 새로 들어온 용역업체는 '정년인 65세 이상의 노동자는 더 이상 고용할 수 없다'고 못 박았다. 72명의 청소 노동자 중 65세 이상은 9명에 달했다. 그런데 뭔가 이상했다.

"똑같이 정년을 넘긴 나이인데 누구는 일을 계속 시켜준다는 거예요. 알고 보니 우리 노동조합이 생기고 따로 생긴 다른 노동조합 소속 사람들한테는 65세가 넘어도 건강검진만 받아오면 촉탁 계약으로 정년을 1년씩 연장시켜준다고 했대요."

서영씨는 '이게 다 회사에서 말 잘 듣는 노동조합과 그렇지 않은 곳을 차별하기 때문'이라고 목소리를 낮춰 속삭였다. 두 사람은 2019년에 생긴 노동조합에 가입했다. 이후 처음으로 회사와 노사 교섭을 했고, 단체협약을 통해 정확히 얼마인지도 모르고 주면 주는 대로 받던 시급을 8800원으로 정했다. 빈번히 이뤄지던 '공짜 노동'도 사라지고 각종 수당도 제대로 받게 됐다. 유급휴가와 보건 휴가, 상여금도 생겼다. 정년도 70세로 연장하기로 했다. "그때는 참 좋았다"며 서영씨는 그리움이 묻어나는 투로 덧붙였다. 하지만 이 듬해에 바뀐 용역업체에서 기존 업체와의 단체협약을 받아들일 수 없다고 하면서 모든 일은 '말짱 도루묵'이 됐을뿐더러 일자리마저 잃었다. 이후 생긴 다른 노동조합과의 차별대우는 덤이었다.

서영씨가 '참 좋았다'고 말하는 2020년 기준 시급 8800원은 같은 해 최저시급(8590원)보다 고작 210원 많은 돈이었다. 그는 이어 기쁜 얼굴로 얼마 전 받았다는 월급명세서를 품 안에서 꺼내 보여주었다. 세전 금액도, 세후 금액도 채 200만 원이 안 되는 그의 월급명세서에서 유난히 '노동조합비' 명목의 1만9490원에 눈길이 갔다. 최저임금 언저리를 받는 청소 노동자들이 떼인 수당이라도 받아내겠다고 만든 노동조합. 그러나 그 대가는 해고였다. 예진씨와 서영씨, 그리고 그들이 청소하는 빌딩과 이웃한 건물인 LG트윈타워 로비에 삼삼오오 모여 농성 중인 청소 노동자들의 모습은 어쩌면 중간착취는 일부 '나쁜' 고용주 탓에 일어나는 일이 아닐 수 있겠다는 의심이 들게 했다. 파견·용역업체는 간접고용 노동자에게 착 달라붙어 임금을 떼어먹고, 혹시 이들이 항의라도 하면 원청과의 교감 속에서 해고하면 그만인 시스템이었다. 사실 법적으로 해고도 아니다. 파견이나 도급, 위탁 등의 용역계약 해지는 법적으로 해고에 속하지 않는다. 해고를 제한하는 근로기준법의 보호를 받지 못하는 청소나 경비 등 하청 노동자들은 아주 쉽게 잘려나간다. 우리 사회가 중간착취의 지옥이 되기까지 작동해온 벽돌처럼 단단한 시스템이다.

예진씨와 서영씨를 만나고 돌아온 이후 혹시 비슷한 일을 겪는 또 다른 사업장이 있는지 찾아보기로 했다. 임금 가로채기나 갑질 같은 중간착취가 사라지지 않는 이유에 이런 고용 불안이 한몫하고 있으리란 추측 때문이었다. 놀랍게도 이들과 같은 상황에 놓인 취재원을 만나는 일은 어렵지 않았다. 서울뿐 아니라 경기, 울산 등 전국 곳곳에 존재했다. 유명 주류회사의 경인직매장 노동자 25명은 하도급업체를 변경하는 과정에서 실직자가 됐다고 했다. '전원 고용 승계 예정'이라는 기존 업체의 말을 믿고 퇴직 절차를 밟았으나, 새로 들어온 업체는 선별 채용을 하겠다고 나섰다. 이들 역시 연차수당과 불합리한 업무 지시라는 중간착취 문제로 갈등을 겪다가 노동조합을 만든 상태였다.

2020년 해당 사업장에 노조가 처음 생겨 기존 위탁 운영 업체와 노동 조건 등을 두고 교섭하던 중 외주업체가 바뀐 울산의 한 병원 조리실도 마찬가지였다. 새로 들어온 업체는 기존 조리원들 대신 다른 인력 파견업체에 재하청을 줬다. 1994년 조리실이 외주화된 이후 업체가 바뀔 때마다 늘 별 탈 없이 이뤄진 고용 승계였다. 조리실 노동자들은 월 170만 원의 최저임금 정도만 받으면서 평균 10년 동안 일해온 사람들이었다. 그동안 받지 못한 각종 수당에 대한 '권리'를 주장했다가 일터가 사라질 줄은 꿈에도 몰랐다. 조리원 예분씨는 한숨과 함께 억울한 심정을 전했다. "10년 동안 매일 1300여 명의 식사를 책임졌어요. 각종 수당 한 푼 못 받아도, 숨 막히는 더위에도 환자와 직원들의 건강이 우리 손끝에 달려 있다는 자부심으로 일했는데 한순간에 어떻게 이럴 수 있는지……."

　중간착취를 주제로 취재하면서 아득해지는 순간은 이처럼 취재원과 비교적 '쉽게' 만나는 때였다. 중간에서 주선해준 이의 실수로 우연히 만났지만, 그 역시 중간착취로부터 자유롭지 못했던 예진씨와 서영씨처럼. 관심이 없어 몰랐을 뿐이지 폭력적인 현실은 바로 우리 곁에서 숨 쉬고 있었다.

7 _____ 착취는 더 낮은 곳으로 흐른다

그의 이름을 단번에 알아듣기는 쉽지 않았다. 몇 차례 되묻고 나서야 '뗀 빅또르'라는 네 글자를 겨우 수첩에 적을 수 있었다. 본인과 직접 이야기를 나누고 싶었지만, 우즈베키스탄에서 온 '카레이스키(고려인)' 3세 뗀씨는 한국말을 거의 하지 못한다고 했다. 1860년대에 러시아 연해주 지역으로 이주해 살다가 구소련의 강제이주 정책으로 중앙아시아로 옮겨간 고려인의 후손이라지만, 뗀씨에게 '할아버지의 나라'인 대한민국은 언어는 물론 문화도 낯선 곳이다. 태어난 곳도 아니고 와본 적도 없는 고국과 뗀씨의 거리는 '정T'이었던 할아버지의 성씨와 이를 러시아 발음으로 읽은 그의 성 '뗀'의 거리만큼이나 멀고 헐거워진 지 오래다.

뗀씨와 동료들이 인력 파견업체와 공장으로부터 겪은 일을 대신 설명해주려 나선 지역 노동권익센터의 활동가 지은씨는 "요새 노동 현장에서 고려인의 피해 사례가 줄을 잇는다"고 말했다. 최근 몇 년 사이 국내에서 중국 동포가 손을 뗀 험한 노동을 고려인들이 도맡기 시작하면서 이들을 대상으로 한 임금 체불이나 착취 역시 늘었다는 것이다. 그는 말을 이었다. "그런데 고려인들은 한국말을 중국 동포보다 못하니까, 무허가 인력 파견업체들이 이런 점을 악용해서 월급을 떼어먹고 잠수 타거나 수수료를 엄청 떼어가는 거죠."

아예 월급을 통째로 가져가는 사례가 비일비재하다보니 뗀씨는 '그나마 나은' 상황이라고도 했다. 20대라는 젊은 나이에 벌써 두 아이의 아버지인 뗀씨는 돈을 벌기 위해 2020년 한국으로 들어왔다. 인력 파견업체를 통해 자동차 부품 공장에 일자리를 구한 그는 반년 넘게 일하고 나서야 자신이 중간착취를 당하고 있다는 사실을 알아차렸다. 부품 공장에는 고려인뿐 아니라 아프리카 등 여러 나라에서 온 이주노동자 10여 명이 같은 파견업체의 주선으로 일하고 있었다. 그런데 같은 공장에서 비슷한 일을 비슷한 시간 동안 하는데도 월급은 천차만별이었다. 아무래도 이상하다는 생각에 이리저리 알아본 뗀씨는 파견업체가 수수료를 멋대로 공제하고 있다는 점을 눈치챘다.

'소개비로 매달 3.3퍼센트를 급여에서 떼겠다.'

파견업체는 애초에 뗀씨를 비롯한 이주노동자들에게 이렇게 설명했다. 3.3퍼센트는 월급을 넉넉하게 200만 원으로 잡아도 6만 원 안팎에 불과한 금액이다. 그러나 실제 파견업체는 공장에서 뗀씨의 임금 명목으로 보낸 돈에서 매달 15만 원이 넘는 돈을 가져갔다. 그는 이주노동자 중에서는 적게 떼인 편이었다. 파견업체는 뗀씨의 고려인 동료 박씨에게는 반년 동안 300만 원에 달하는 금액을 중간에서 가로채기도 했다. 한 달에 무려 50만 원이라는 돈을 빼앗기면서도 까맣게 모르고 있었던 것이다.

이런 중간착취를 알아차리고도 뗀씨와 동료들은 공장과 파견업체 측에 바로 항의하지 못했다. 어떻게 된 일이냐고 따져 물었다가 그나마 하는 일마저 그만둬야 하는, 보복성 해고가 무서워서였다. 그들이 이러지도 저러지도 못하는 사이 공장에서는 이주노동자들이 월급에 불만을 갖고 있다는 소문이 알음알음 퍼져나갔다. 그리고 얼마 지나지 않아 뗀씨를 비롯한 이주노동자 전원은 해고당했다. 공장에서는 일감이 없다는 핑계로 이들을 내보내면서도 '우리는 파견업체에 제대로 된 임금을 보냈으니 책임이 없다'는 말을 덧붙였다.

이주노동자들은 일자리를 잃고 나서야 노동권익센터의 도움을 받아 노동청에 이를 신고했다. 이때 되돌아온 건 '협박'이었다. 파견업체는 '취하하지 않으면 블랙리스트에 올려 이 지역에서 일을 못 구하게 하겠다'고 경고해왔다. 파견업체끼리 공유하는 블랙리스트가 있다는 얘기에 공포는 증폭됐다. 하루 벌이가 아쉬운 처지에 밥

줄을 끊어버리겠다는 으름장보다 더 두려운 것은 없었다. 뗀씨 역시 '이제라도 신고를 취소해야 하나' 고민했다. 흔들리던 마음은 공장의 이주노동자들이 모두 4대 보험 미가입 상태라고 노동청 조사를 통해 추가로 밝혀지면서 다시 굳어졌다. 지은씨는 이렇게 설명했다. "가입도 안 해놓고 4대 보험료는 월급에서 꼬박꼬박 가져간 점에 큰 충격을 받은 모양이에요. 처음부터 끝까지 농락당했다는 기분을 지울 수 없었던 거죠."

다만 뗀씨와 동료들이 파견업체에 '뜯긴 돈'을 모두 돌려받기는 현실적으로 어려울 듯하다. 제대로 된 임금명세서는 물론 근로계약서도 없는 탓이다. 이 경우 일부만 받고 합의하거나, 그마저도 받지 못할 가능성이 크다. 노동청에 신고라도 할 수 있으면 운이 좋은 편이다. 미등록 노동자들은 임금을 아예 받지 못하더라도 고용주가 '불법 체류자로 신고한다'고 위협하면 빈손으로 도망치듯 떠나는 수밖에 없다. "왜 근로계약서를 안 썼냐고 지적하는 일은 쉽죠. 그런데 이주노동자 입장에서 생각해보세요. 한국말을 못하면 취직하는 게 불리하다는 사실은 그들도 알아요. 그러니 감지덕지할 수밖에요."

뗀씨 역시 마찬가지였다. 우선 돈을 벌어야 했기에 한국어를 배울 새도 없이 취업부터 했다. 자동차 부품 공장의 일자리를 구했을 때는 정말 뛸 듯이 기뻤다. 말도 통하지 않는 이역만리 타향에서 '열심히 일해 고향에 돈을 보내겠다'는 소박한 결심을 품은 노동자의 삶은 어느 하루도 녹록하지 않았지만, 반년 넘게 묵묵히 일했다. 매달 꼬박 들어오는 170만 원, 잔업을 많이 하면 월급이 200만 원을 넘겨 피로를 느낄 새도 없었다. 주변에서 임금 체불을 당하거나 일을 못한다는 이유로 갑자기 해고됐다는 고려인의 얘기가 들려올 때면 안타까운 마음에 앞서 '나는 그렇게 되어선 안 돼'라는 생각이 먼저 들었다.

지은씨는 "예전에는 중국 동포들이 임금 체불을 많이 당했다. 그런데 어느 정도 한국말도 하고 세월이 흐르면서 그들만의 커뮤니티가 만들어지자 이제 이런 피해를 고려인이 보기 시작한다"고 덧붙였다. 고려인들은 한국말을 잘하지 못하니 불만도 표하지 않고 조용히 일만 한다면서 일자리에 고려인을 '추천'하는 촌극마저 벌어지고 있다고도 했다.

이처럼 착취는 더 약하고 낮은 곳을 향한다. 뗀씨의 이야기에서 가장 오랫동안 지워지지 않고 기억에 남은 대목은 그가 일한 자동차 부품 제조 공장에서 가장 많은 금액을 떼인 이가 아프리카에서 온 노동자였다는 사실이다. 파견업체는 하필이면 왜 10여 명의 이주노동자 중 아프리카인의 월급을 가장 많이 떼어갔을까. 그 이유를, 사실 우리는 모두 알고 있지 않을까.

8 _____ 이상한 플랫폼 속 선희씨와 기순씨

자신은 원래 남편과 함께 아이 둘을 키우는 '평범한' 가정주부였다고 정선희씨는 말했다. 올해 마흔 살로 평범한 주부였던 그는 최근 코로나19로 인해 플랫폼 노동자로 거듭났다. 갑작스러운 전염병의 확산으로 남편의 벌이가 줄어들면서 아이들 학원비라도 보태고자 서너 달 전부터 시작한 일이었다. 스마트폰의 청소 서비스 애플리케이션(앱)을 통해 일거리를 구하고, 소개받은 집으로 가서 청소한 뒤 그 대가를 받는다. 생활 전선에 뛰어든 스스로가 아직 낯설게 느껴지는지 그는 자신이 원래 일을 하던 사람이 아니라는 사실을 몇 차례나 강조했다. 조심스러운 태도로 한참 말을 고르던 선희씨는 플랫폼 노동에 대해 이렇게 설명했다. "필요할 때 자유롭게 일할 수 있는, 일종의 프리랜서 같은 거죠."

그로부터 일주일 후에 만난 신기순씨는 선희씨보다 딱 열두 살이 더 많았다. 자그마한 체구에 그다지 크지 않은 목소리를 가진 유순한 인상의 여성이었지만 십수 년간 청소 일로만 생계를 꾸려왔다고 밝히는 대목에서는 은근한 자부심이 느껴졌다. 가사도우미로 일하며 온 가족을 먹여 살렸다는 그 역시 어느새 개념조차 낯설던 '최첨단'의 플랫폼 노동자가 됐다. 예전에는 직업소개소가 소개해준 집에서 일하면서 월급을 받던 기순씨는 지금은 앱을 통해 서너 곳의 업체에 동시에 등록해놓고 일거리를 찾는다. 마스크 위로 보이는 두 눈을 살짝 찌푸리며 그는 말을 이었다. "요샌 다들 휴대전화로 뭐든 하니, 별수 있나요."

선희씨와 기순씨 같은 '일종의 프리랜서'는 플랫폼의 등장과 맞물려 폭발적으로 늘어났다. 이들이 하는 청소 서비스, 즉 가사도우미는 이전에는 소위 있는 집 사모님들의 전유물이었으나 관련 앱이 우후죽순 생겨나면서 맞벌이 부부나 혼자 사는 직장인들도 별부담 없이 부르는 존재가 됐다. 오늘날 앱을 통해 고객과 가사노동자를 연결해주는 플랫폼 업체만 20곳이 넘을 정도라 이 중 아무데나 고르면 된다. 시간당 1만 원 정도만 내면 미뤄둔 설거지 그릇이 켜켜이 쌓인 주방과 물때가 잔뜩 낀 화장실, 먼지와 머리카락이 버석버석 밟히던 바닥이 깔끔히 정리되니 업무에 지쳐 집안일에는 손 하나 까딱하기 싫은 상황에서는 구세주 같은 존재다.

고객 입장에서는 이보다 더 좋을 수 없는 플랫폼이지만, 과연

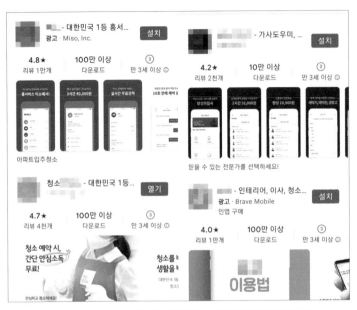

최근 우후죽순 등장한 가사, 청소 관련 서비스를 중개하는 스마트폰 애플리케이션(앱)들.

노동자들에게도 그럴까. 인터뷰 대상에 간접고용의 신新유형인 플랫폼 노동자를 포함한 이유는 이 질문에 대한 답을 찾기 위해서였다.

먼저 선희씨에게 넌지시 일은 할 만한지, 플랫폼에서는 제대로 된 대우를 해주는지 묻자 흔쾌히 '그렇다'는 답이 돌아왔다. 돈이 필요할 때 원하는 시간만큼 일할 수 있는 쏠쏠한 부업이라는 것이다. 선희씨는 플랫폼에서 일을 시작하기 전 한 차례 진행되는 교육에서도 좋은 인상을 받았다고 했다. 교육에서는 청소 방법뿐 아니라 '청소할 때 절대 무릎을 꿇고 하지 말라' 등의 내용도 함께 가르친다. 그 순간 선희씨는 어쩐지 존중을 받는 느낌이 들었다. 앱으로부터 소개받은 집에 도착해 업체의 이름과 로고가 들어간 앞치마로 갈아입을 때면 소속감도 퐁퐁 솟아났다. "일단 나도 '돈을 벌자'는 결심은 했는데 처음에는 너무 막막하더라고요. 그런데 플랫폼에서 교육도 해주니 안심도 되고 믿을 구석이 생겨서 든든했어요."

플랫폼에 우호적인 선희씨와 달리 기순씨는 '아직 제대로 안 당해봐서 그런 것'이라며 고개를 절레절레 저었다. 직업소개소를 통해 일을 소개받던 시절에는 매달 3만~4만 원의 소개비를 내거나, 첫 월급의 10퍼센트를 떼어주면 그만이었다. 반면 플랫폼은 일 나갈 때마다 중개료를 가져간다. 그는 "어휴, 가져가기도 엄청나게 가져간다"고 한탄했다. 실제로 기순씨를 만나기 위해 앱에 4시간짜리 청소를 예약하면서 낸 비용은 5만7000원이지만 그에게는 4만 원 정도가 들어온다고 했다. 무려 30퍼센트에 달하는 금액을 중간에서 가져가는 셈이다. '중개료가 너무 많은 것 아닌가'라는 생각이 들지만, 요새는 앱이 아니면 일거리를 구하기 힘들다고 했다. 높은 중개료는 특정 '악덕 업체'의 문제도 아니다. 등록해놓은 서너 개 업체의 중개 수수료나 근로 환경은 다들 엇비슷하다고 그는 말했다.

기순씨는 청소 플랫폼마다 업체에 소속된 믿을 수 있는 직원임을 고객에게 홍보하고, 또 노동자 본인에게도 자신들이 업계 최고 대우를 해준다고 큰소리치지만, 정작 사고가 나면 나 몰라라 한다고도 전했다. 걸레를 빨다가 고객의 집 세면대 수도꼭지를 망가트린 그에게 청소업체 측에서는 "소액이라 보험 적용이 되지 않는다"며 고객과 알아서 합의를 하라는 태도를 보였다. 수리비는 5만 원 정도로, 큰 금액은 아닐지라도 그에게는 반나절을 꼬박 일해야 손에 쥘 수 있는 돈이었다. 기순씨는 "업체가 아니라 나한테 직접 수리비를 받아야 하는 고객 역시 곤란해했다"면서 "이럴 거면 왜 그리 많은 돈을 중간에서 가져가냐"며 억울함을 드러냈다. 일은 일대로 하고 돈은 돈대로 나가게 된 상황에서 며칠 동안 일이 손에 잡히지 않았다.

같은 일을 하면서도 플랫폼에 상반된 평가를 한 두 사람이지만 '정확히 자신이 얼마를 버는지 모른다'는 점은 같았다. 이는 별점 제도 때문이라고 선희씨와 기순씨는 입을 모았다. 대다수의 앱에서는 노동자를 고객이 별점으로 평가하도록 한다. 고객으로부터 높은 별점을 받을수록 앱으로부터 받을 수 있는 돈도 늘고 일거리도 많아진다. 일을 많이 하면 할수록 급여도 뛴다. 별점이 낮아지면 시급도 깎이고 그만큼 청소를 알선받기도 힘들어지는 구조다. 별에 따라 버는 돈이 오르락내리락하니 여기에 목숨을 걸 수밖에 없다. 불합리한 시스템이라고 여겨지더라도 어디 호소할 곳이 없다. 가사노동자들은 근로기준법상 노동자가 아니다. 1953년에 제정된 근로기준법 11조 '가사家事 사용인에 대해서는 적용하지 아니한다'는 규정 때문이다. 이는 최저임금보다 적은 시급을 받아도, 일하다가 다쳐도, 갑자기 일을 그만두게 되더라도 그저 받아들여야 한다는 의미와도 같다.

"앱으로 일하고 나서는 별이란 단어는 꼴도 보기 싫어졌다니까." 농담처럼 말하면서 기순씨는 웃었다. 별은 고객의 갑질 앞에서 이들을 무력하게 만들었다. 정해진 시간에 청소를 마치려는 선희씨에게 한 고객은 "정이 없는 사람"이라며 쓴소리를 했다. 아직 청소할 곳이 남았는데 어떻게 시간이 다 됐다고 가버릴 수 있냐고 따지는 고객에게 '정해진 시간이 지났다'고 말할 수 없었던 이유는 뒷일이 무서워서였다. 이대로 가버리면 낮은 별점을 주거나 클레임을 걸 게 뻔한 상황에서 선희씨는 결국 30분 정도 더 무료 노동을 해야 했다. 또 청소나 가사에 표준 '매뉴얼'이 없다는 점도 이들의 별점 노동을 힘들게 한다고 기순씨는 말했다. "집마다 청소하는 방식이 다르잖아요. 설거지 후에 접시 물기를 다 닦아내길 원하는 집도 있고, 그렇지 않은 집도 있고. 집주인이 어떤 스타일을 선호하는지 모르니까 괜한 꼬투리를 잡힐 수 있는 거죠."

"아르바이트로 한두 번씩 하는 사람이면 앱으로 하는 플랫폼 방식이 좋을지 몰라도 이 일로 먹고사는 사람들은 한두 집에 정기적으로 나가면서 월급 받는 게 훨씬 낫다"고 기순씨는 잘라 말했다. 살림 유형을 알고 있다면 그만큼 일하기가 수월하다. 때문에 일부 가사노동자는 몇 차례 안면을 익힌 고객에게 자신의 휴대전화번호 등을 알려주며 '앱을 통해 부르지 말고 연락하면 청소를 해주겠다'고 직거래를 시도하기도 한다.

인터뷰 말미에 선희씨에게 플랫폼에서 약 30퍼센트를 떼어간다고 알려주니 눈이 휘둥그레졌다. "그 정도나 가져간다고요? 많아도 10~20퍼센트일 줄 알았는데……." 잠시 생각에 잠겼던 그는 곧 '그래도 어쩔 수 없다'며 어깨를 으쓱해 보였다. 별다른 경력이나 특기도 없고, 오랫동안 직업을 갖지도 않았던 자신이 플랫폼 아니면 어디서 일을 구하겠느냐는 것이었다. 기순씨 역시 비슷한 얘기를 했다. "중간에서 왜 이렇게 많이 가져가냐고 따지면 어쩌겠어요. 그럼 '당신 아니라도 일할 사람 널렸다'면서 다른 사람한테 일 시키겠지."

선희씨와 기순씨의 말대로 이런 현실은 정말 어쩔 수 없는 걸까. 누구나 할 수 있는 단순 노동이라서, 생계가 아닌 아르바이트라서, 혹은 반대로 생계라서 일거리가 절실하기 때문에. 이런저런 이유로 어쩔 수 없다고 여겨져온 두 사람을 만난 지 얼마 안 된 2021년 6월, 가사노동자를 '노동자'로 인정하고 보호하려는 가사노동자법이 국회에서 통과됐다는 소식이 들려왔다. 어쩌면 이제는, 어쩔 수 없는 일이 아닐지도 모른다는 희망이 솟아났다. 68년 만에 국회를 통과한 가사노동자법은 4대 보험을 비롯해 유급 휴일과 연차, 퇴직금 등 노동자로서의 기본 권리를 보장받을 수 있도록 한다.

그러나 자세한 내용을 뜯어볼수록 어딘지 모르게 개운치 않았다. 가사노동 플랫폼 시장에는 이미 굵직한 기업들이 발을 들여놓은 상태다. 대기업 간에 경쟁이 벌어지면 결국 가격 후려치기와 속도전으로 나갈 수밖에 없지만, 이를 막을 수단은 마땅치 않다. 김재순 전국가정관리사협회장은 "플랫폼 기업들 간의 경쟁이 심해지면 가격이 저렴한 단시간 상품을 팔게 되고 결국 노동 강도가 올라가게 된다"[30]고 말했다. 지금의 가사근로자법으로도 선희씨와 기순씨의 '별점 노동'을 해결할 순 없단 얘기다.

9 _____ 요금의 절반을 가져간다고요?

오후 4시에 전화를 받은 박재순씨는 잠이 덜 깬 목소리로 '출근 중'이라고 말했다. 부산에서 대리운전 기사로 일하는 그는 늦은 오후부터 새벽까지 일하고 들어와 아침에야 겨우 잠자리에 든다. 세상의 보편적인 흐름과는 정반대로 움직이는 재순씨와 이야기를 나눌 타이밍을 맞추는 것은 쉽지 않았다. 이런 이유로 그에게 전화를 걸 때마다 혹시 잠을 깨우는 건 아닌가 싶어 미안한 마음이 들었지만, 결과적으로 인터뷰를 한 간접고용 노동자 중 가장 많은 연락을 해야만 했다. 한두 번의 통화로는 이해할 수 없을 만큼 대리기사가 플랫폼으로부터 겪고 있는 중간착취는 복잡다단했기 때문이다.

"고객들이 1만 원을 내면 중간에서 가져가는 돈은 4500원입니다. 거의 절반을 떼어가는 거지요."

유료 직업소개소가 구직자, 즉 일하는 사람에게 받을 수 있는 소개료는 3개월간 지급받기로 한 임금의 1퍼센트 이하다. 파견·용역업체에서도 관리비 등을 포함해 인건비의 10~20퍼센트를 가져가는 것으로 알려져 있다. 이런 기존 인력 중개 시장의 '관례'와 비교했을 때 스마트폰 앱 같은 플랫폼을 통해 이뤄지는 대리운전 업계의 수수료는 그야말로 착취라는 단어로밖에 설명할 수 없었다.

결과적으로 재순씨가 앱을 통해 1만 원짜리 대리 호출(콜)을 받아 일하고 손에 쥐는 돈은 5500원 남짓이다. 나머지 4500원은 중개 수수료와 프로그램 사용료, 보험료, 출근비(셔틀비)로 나간다고 했다. 그는 대리운전 업계의 생리가 '사람 장사'라고 했다. "대리운전 기사들이 수익을 내도록 해야 하는데, 기사가 아닌 회사가 돈을 많이 남기고 있어요."

우선 대리운전은 중개 수수료만으로도 파견·용역 시장의 관리비를 '퉁치는' 수준이었다. "중개 수수료는 K사의 경우 무조건 20퍼센트예요. 고객이 결제하는 돈의 20퍼센트를 가져가고, L사와 C사는 30퍼센트나 됩니다."

재순씨의 이야기는 여기서 끝나지 않았다. 콜을 받기 위해서 쓸 수밖에 없는 각 대리운전 업체의 '프로그램'에도 사용료가 든다. 대리운전 업체에서는 프로그램이라 불리는 시스템을 통해 고객이 보낸 콜과 대리기사를 연결하는데, 매달 프로그램 사용료로 1만 5000원을 징수하고 있다는 것이다. 재순씨 같은 부산 지역 대리운전 기사들은 사용료 명목으로 매일 500원을 꼬박꼬박 낸다.

대화를 나눌수록 질문이 꼬리에 꼬리를 물었다. '출근비' 역시 낯선 단어였다. 그는 "일을 하려고 출근하면 무조건 출근비 3500원을 낸다"고 했다. 출근비 중 3000원은 주로 심야에 일하는 대리기사들이 대중교통이 끊긴 이후에도 이동할 수 있도록 지원하는 셔틀버스 비용으로 쓰인다. 언뜻 듣기에는 필수적인 비용 같지만, 여기에도 중간착취를 위한 꼼수가 있었다. "각 대리운전 회사별로 출근비를 따로 냅니다. 저는 두 개의 회사에 등록해놨으니, 하루에 출근비로만 7000원을 내는 겁니다. 그런데 회사가 달라도 셔틀버스는 같은 시간에 한꺼번에 움직여요. 따로 낼 이유가 없는 거죠."

심지어 셔틀버스를 이용하지 않더라도 셔틀버스 비용은 내야 한다. 비슷한 시간에 움직이는 셔틀버스를 마냥 기다리다간 콜을 잡을 수 없기에 대리운전 기사들은 서넛이 모여 택시를 타고 이동하기도 한다. 이럴 경우 택시 비용은 각자 알아서 부담한다.

대리운전 회사의 주 수익은 이런 셔틀버스에서 나온다는 것이 재순씨의 주장이었다. 그는 "셔틀 운영에 들어가는 비용이 월 1억 원인데, 실제 기사들에게 걷는 돈은 3억~4억 원에 달한다고 알고 있다"고 귀띔했다.

L사 기준으로 프로그램에 등록한 대리운전 기사는 7500명이다. 이 중 출근하는 인원은 약 70퍼센트로, 코로나19로 출근하는 인원이 줄었어도 매일 3000~5000명 정도는 된다는 설명이다. 그

는 "코로나 핑계로 셔틀버스 대수를 줄였지만 떼어가는 금액은 그대로"라고도 했다. 부산 지역 대리운전 기사들은 네 개 업체의 셔틀버스를 통합하자고 요구하고 있지만, 업체는 들은 척도 하지 않는다.

이중, 삼중으로 나가는 보험료도 부산 지역 대리운전 기사들의 등골을 휘게 한다. 대리운전 업체들은 다른 대리운전 업체에서 가입한 보험은 인정해주지 않아 기사들은 업체별로 각기 지불하고 있었다. 수도권 등 일부 지역에서는 하나의 보험에만 가입하도록 하고 있지만, 부산은 폐단이 여전하다. 업체들은 또 기사들이 내는 보험료에서 일부를 수수료로 가져가고 있다. 업체당 매달 10만 원 이상의 보험료를 내고 있다는 재순씨는 대리운전 업체에서 보험사에 주는 금액은 월 5만 원 안팎에 불과하다고 지적하며 말했다. "그럼 나머지 5만 원은 어디로 가겠어요?"

관련 업체, 즉 '플랫폼'이 많아질수록 각 플랫폼에 내는 프로그램 사용료와 셔틀비, 보험료가 늘어나 대리운전 기사들은 더욱 쥐어짜일 수밖에 없는 구조다. 플랫폼 간 경쟁이 치열해지더라도 이익을 보는 사람은 노동자가 아니다. 오히려 가격 경쟁을 위해 고객이 내는 요금을 낮추면서 그 뒷감당을 업체가 아닌 노동자들이 고스란히 떠안게 만들고 있다. 다른 물가는 쑥쑥 올랐는데도 10년째 그대로인 부산 지역의 대리운전 기본 요금은 바로 이런 대리운전 기사의 고통에 발을 디딘 채 유지되어온 셈이다.

문제점을 알고 있더라도 대항할 방법은 마땅치 않다. 대리운전과 같은 플랫폼 노동자는 '나홀로 직장'이나 마찬가지라서 동료들과 으쌰 으쌰 하면서 목소리를 내기도 어렵다. 대리운전 기사들은 일을 시작하기 전 업체와 '동업계약서'를 쓴다. 계약을 체결한 뒤 기사들은 업체에서 제공하는 스마트폰 앱을 통해서만 일할 수 있는 반면, 업체들은 복장과 교육 등 지휘와 감독권을 가지고 있는데도 '사용자'의 책임을 지지 않는다.

생활고도 이들의 발목을 잡는다. 경기 지역에서 대리운전 기사로 일하는 한기석씨도 비슷한 한탄을 했다. "대리운전 기사들은 50, 60대가 주축입니다. 당장 5만 원, 10만 원이라도 아쉬워서 벌어야 하는 사람이 많아요. 부모님 병원비도 대야 하고. 낀 세대가 다 그렇지만 대학생 아이들 등록금을 당장 내야 하는 등 경제적으로 어렵다보니 활동이 쉽지 않습니다."

그야말로 무법지대인 우리나라의 대리운전 시장과 달리 옆 나라 일본은 2002년 6월 20일 '자동차운전대행 업무의 적정화에 관한 법률'을 확정·공포했다.[31] 대리운전자의 요건 및 운전대행업자의 준수 사항, 운전대행법의 운영 규정 등을 마련한 법이다. 반면 우리나라는 17대 국회 이후 다수의 대리운전업 관련 법안이 꾸준히 발의됐지만 국회의 문턱을 넘지는 못했다. 기석씨는 말했다. "일본은 예전부터 대리운전자 법이 있었죠. 그런데 우리나라는 꼭 파업하고 행동을 해야만 법을 만드는 이상한 전통이 있는 것 같습니다."

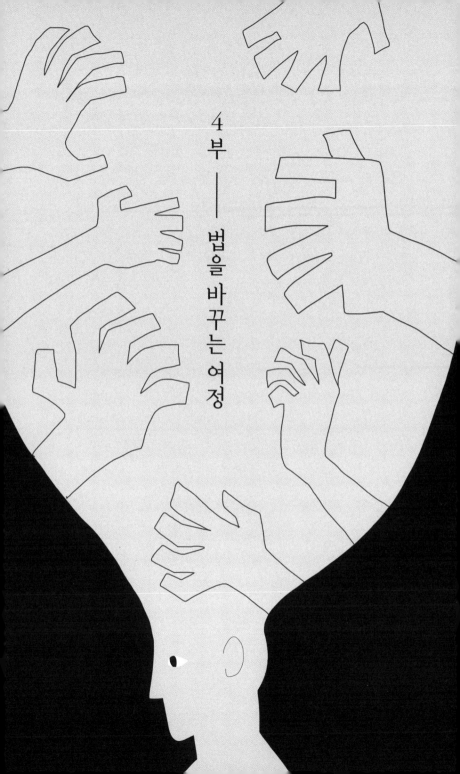

4부 ─ 법을 바꾸는 여정

1 _____ 메일이 가리키는 곳

노동자 100명이 당하는 중간착취를 다룬 기사는 많은 관심과 응원을 받았다. "기사 잘 읽었어요. 힘내세요!"라는 격려성 메일도 있었고, 용역업체 관계자로 추정되는 이들로부터 "월 100만 원가량 중간 갈취당한다고 기사 썼는데 팩트체크 하신 건가요?"라는 항의 메일도 왔다. 가장 많았던 것은 당사자 혹은 가족이 간접고용 노동자인 독자들의 메일이었다. 어느 노동자는 자신이 당하고 있는 착취를 세세히 고발했고, 다른 노동자는 기사를 써줘서 고맙다고 했으며, 또 다른 노동자는 "국내 대기업 하청업체 직원으로 4년 동안 임금 착취 중. 상담 원합니다. 010-××××-××××"라며 전화번호를 남기기도 했다.

감사의 답장을 보냈지만 마음이 가볍지만은 않았다. 이런 관심에도 불구하고 간접고용 현실이 별로 달라지지 않으리라는 것을 잘 알기 때문이다. 10년 넘게 기자생활을 하며 익숙해진 패턴이었다. 고통받는 사람이 선명하고 이에 공감하는 수천 개의 댓글이 달려도 그때뿐이었다. 보도를 했으므로 '내 할 일은 다 했다'는 안일한 자기만족, 어차피 현실은 달라지지 않을 거라는 체념. 늘 이 비겁하고 불편한 양가감정 사이에서 부대꼈다.

그래서 고용노동부의 공무원이 '기사에 나온 사례를 한번 알아보려 한다'며 은행 경비원이 일하는 은행을 알려달라고 했을 때도 당사자와 논의한 후 업체명을 말해주지 않았다. '가해' 회사로 지목된 곳에서 벌일 일이 뻔해서다. 인터뷰한 노동자 색출, 구조 점검이 아닌 당사자만을 둘러싼 지엽적인 조사, 결국 '별일 아니다'라는 성급한 끝맺음. 잔뜩 들쑤셔놓고 회사 측의 반성이나 개선 조치 없이 노동자에게 지울 수 없는 낙인만 찍는 그런 소란을 인터뷰해주신 분이 겪게 하고 싶지 않았다.

그저 이런 상황들과 독자들로부터 오는 메일을 우리 부서 이진희 부장과 공유하기만 했다. 이진희 부장은 중간착취 문제를 취재해보자고 처음 제안했던 선배였고, 노동자들의 현실이 아주 조금이라도 나아지기를 진심으로 바라는 기자였다. 처음에는 독자들로부터 온 메일 및 기사에 달린 댓글을 모아 후속 기사를 한 번 더 쓰기로 논의했다. 그러다 부장이 국회에 중간착취 금지법을 만들자고 요청하는 '입법 로비'를 해보는 게 어떻겠냐고 제안했다. 간접고용 노동자는 하루 벌어 하루 먹고 살기도 바쁘고, 이들의 이익을 대변해줄 노조나 이익단체조차 변변히 없는 상황이니 우리가 그 대변자가 되어보자는 것이었다.

지금껏 한 번도 해본 적 없는 취재 방식이라 낯설기도 했지만 기자가 현실에 직접 참여해 목소리를 내는 게 맞나 하는 고민이 컸다. 자칫 '우리가 기사를 썼는데 아무것도 안 해?'라고 다그치는 것처럼 보이지나 않을까 부담스럽기도 했다. 그런 고민 속에 계속 마음에 걸리는 메일이 두 개 있었다.

"사내협력업체가 소사장제로 합법이냐 불법이냐를 떠나서 관리비를 인건비에서 몇 퍼센트가 합법이냐 불법이냐가 없는 거 같고 원청과 사장 사이에서 내 인건비가 얼마로 책정이 되어서 있는지를 알 수가 없습니다.

우리 사장님은 매월 적자라고 노래를 부릅니다.

법적어로 직접인건비에서 몇 퍼센트가 관리비인가는 찾지를 못하겠드라고요.

답글 주시면 고맙겠습니다."

사투리까지 그대로 들리는 듯한 이 메일은 고령의 용역 노동자가 휴대전화로 써서 보낸 거였다. 그의 얘기를 좀더 듣고 싶어 전화를 걸었다. 그는 기다렸다는 듯 흥분한 목소리로 그간의 고충을 속

사포처럼 쏟아냈다. 그가 반복해서 얘기한 것은 한 가지였다.

"'원청에서 받은 돈의 몇 퍼센트 이상은 용역업체가 떼어가면 안 된다'는 법적인 기준이 없으니까 사장한테 따질 수도 없어요. 울화통이 터지는데 방법이 없어요."

법의 부재와 필연적으로 뒤따르는 중간착취. 그러나 '돈을 떼어가면 안 된다'는 법이 없어서 이 부조리에 항의할 수조차 없는 무력감에 그는 몸서리쳤다.

또 하나의 메일은 가족이 용역 노동자로 오래 일한 독자가 보낸 것으로, 가족이 중간착취 당하는 모습을 옆에서 지켜보는 심정을 담담히 전하는 글이었다. 그런데 마지막 문장에서 멈칫했다.

"이런 기사들이 계속해서 반복된다면…… 언젠가는 국회의원 귀에, 대통령 귀에 들어가겠지요? 그럼 좀 변하려나요?"

이 희망 섞인 물음에 얼굴이 화끈거렸다. 나는 중간착취 대부분이 합법적으로 일어나고 있다는 것에 분노하면서도 '어차피 안 바뀔 것'이라는 체념에 갇혀 있었는지도 모르겠다. 정작 나는 큰 기대가 없었는데 내 기사에서 희망을 찾는 독자들……. 많이 부끄러웠다.

두 메일이 가리키는 곳은 법을 고치고 새로 만드는 곳, 국회였다. '시즌 2'는 그렇게 시작됐다. 우리는 국회의 문을 두드려보기로

2021년 2월 24일, 국회 환경노동위원회 소속 의원들에게 질의서를 전달하기 전 국회 정문 앞에서 '중간착취 금지 입법 제안' 손팻말과 질의서를 들고 있는 남보라, 박주희, 전혼잎 기자.

했다. 취재 당시 자문해준 전문가들의 제안을 바탕으로 '중간착취 금지법' 후보를 골랐다. 직간접적으로 중간착취를 막게 해주는 법 개정안과 제정안 네 가지를 추렸고, 이 법안을 발의할 의사가 있는 지를 묻는 질의서를 만들었다. 그리고 이 질의서를 노동 관련 법안 을 심의하는 국회 환경노동위원회 소속 의원 15명에게 전달하기로 했다.

15명 의원의 보좌진에게 연락해 일정을 조율했다. 가능하면 국 회의원을 만나려 했고, 그게 어렵다면 보좌진을 만나 취지를 설명 하고 질의서를 줄 계획이었다. 국회의원이 바쁘다는 건 알았지만 비서관들과 약속 잡는 것조차 만만치 않았다. "바쁘다, 연락 주겠 다"고 하고선 번번이 연락이 없던 한 의원실의 비서. 그는 "5분만 시간 내주시는 것도 어렵냐"는 질문에 "5분도 안 된다, 기자님이 이렇게 계속 전화하는 것도 내 시간을 빼앗는 것"이라며 거절했다. 국회의원의 권세가 높다지만 이제 갓 대학을 졸업하고 사회생활을 시작한 비서까지 이렇게 뵙기 어려운 분일 줄은 몰랐다. 또 야당 의원실 한 곳은 국민의힘 야당 간사실과 질의서 및 답변서 제출 등 '행동을 함께 하겠다'며 오지 말라고 했다. '국회의원 한 명 한 명이 걸어다니는 입법기관'이라는 말이 참 무색했다. 15명 중 3명은 끝내 "만날 수 없다"고 통보했다.

"5분도 못 만난다"는 현실의 벽을 절감하고 있을 때 한 프로젝트를 접했다. 더불어민주당 젊은 의원 7명이 시도하는 '국회의원 시키신 분'이라는 국민 입법 제안 프로젝트였다. 프로젝트 홍보 영상에서 의원들은 "네, ○○○ 의원실입니다"라며 의원실에 걸려온 전화를 직접 받고 현장으로 뛰어갔다. 짜장면 시키듯 쉽게 국회의원에게 입법을 제안하라는 걸 보여주려는 연출 영상인 것은 안다. 하지만 당장 내가 겪고 있는 현실과의 괴리감만 더 선명해졌다.

물론 여기까지 온 것도 기자이기에 가능한 일이었다. 기자니까 보좌진들의 개인 휴대전화 번호를 쉽게 구할 수 있었고, '방문하고 싶다'는 말도 당당히 할 수 있었다. 하지만 이런 '특권'을 가진 기자들에게조차 낮지 않은 문턱이라면, 일반 국민에게는 대체 얼마나 높을까.

2월 말, 열두 곳의 의원실을 방문하기 위해 국회에 갔다. 취재를 위해 국회에 간 적은 있지만 입법을 제안하러 간 것은 처음이라 긴장됐다. 정문 앞에는 '친족 성폭력 공소시효 폐지' 등의 피켓을 든 사람, 천막농성을 하는 사람들이 즐비했다. 법을 바꾸자는 목소리가 국회의원의 귀에 닿기를 바라는 간절함으로 거리에 선 이들이었다. 평소라면 무심히 지나쳤을 그들이 그날따라 조금은 비슷한 처지인 듯해 한 번 더 눈길이 갔다.

국회의원 300명의 사무실이 모여 있는 10층 건물인 '의원회관'의 출입은 까다로웠다. 만남을 약속한 의원실에서 하루 전날 방문자를 출입 등록해줘야만 방문증을 받을 수 있었고, 해당 의원실이 있는 층만 갈 수 있었다. 그럼에도 의원회관을 방문한 사람이 많아 줄을 서서 방문증을 받았다.

이 사람들은 어떤 일로 의원실에 찾아온 것인지 궁금했다. 방문자 중에는 말끔한 정장 차림에 서류 뭉치를 든 남성이 많았다. 의원회관 내부 복도에서 만난 '방문증'을 패용한 다른 방문자들도 비슷한 차림이었다. 그중 한 남성은 양쪽에 선 두 남자가 외투를 벗겨주며 수행하고 있었다. 꽤나 높은 분일 거라는 짐작만 했다. 대기업 로고가 박힌 빳빳한 종이가방을 양손 가득 들고 지나가는 사람들도 있었다.

법에는 어떤 사람들의 목소리가 반영되는 걸까. 적어도 우리 사회의 규칙을 바꾸기 위해 부지런히 다닐 여력이 되는 사람, 의원실의 방문 허락을 받을 수 있는 사람들일 것이다. 그리고 그런 사람은 그리 많지 않을 것이다. 의원회관에 드나들수록, 내가 취재했던 간접고용 노동자들이 직접 의원실에 찾아와 부당함을 호소하고 법 개정을 요구하는 풍경은 잘 상상이 되지 않았다.

찾아간 열두 곳의 의원실은 대체로 우리를 반겨주었다. "좋은 일 하신다"는 말도 몇 번 들었다. 고질적인 문제인 데다 사회적인 관심도 적은 중간착취 문제를 끈질기게 붙들고 있다는 칭찬이었다. 기자들이 '개정안 좀 발의해달라'고 하는 모습이 낯설었는지 "시민단체 같다"는 말도 들었다. 하지만 법안 발의에는 조금씩 거리를 뒀다. "취지에는 공감하지만 현실적으로 매우 복잡한 문제다" "간접고용 문제는 정말 심각하다. 그런데 법을 바꾸는 건 또 다른 문제라서 검토가 필요하다"는 말들이 이어졌다. 쉬울 거라 예상하고 덤빈 일은 아니었지만 "복잡한 문제다" "쉽지 않다"는 말만 자꾸 들으니 힘이 빠지는 건 어쩔 수 없었다.

그러다 질의서 전달 마지막 날 이수진(비례대표) 민주당 의원을 만났을 때는 좀 들떴다. 직접 우리를 만난 이 의원은 "(우리가 제안한) 네 개 법안 모두 관심이 있고 적극적으로 개정안을 발의하겠다"고 말했다. 그동안 만난 의원실 중 가장 열정을 보였다. 그날 국회를 나서는 발걸음은 정말 가벼웠다. 입법과정을 잘 몰랐던 나는 법이 발의만 되면 전부 진지하게 논의되는 줄 알고 있었다.

2 _____ 실패의 역사

"현재 파견제도는 중간착취, 상시적 고용 불안, 노동 기본권의 무력화 등의 심각한 문제를 낳고 있음. 노동계는 이 파견제도에 대해 노예노동의 합법화라고 주장하고 있는데, 실태를 보면 그 말이 결코 지나치다고 할 수 없음."

이 글은 언제, 왜 쓰였을까. 2021년에 쓴 글이라고 해도 틀린 곳 하나 없는 이 글은 17년 전인 2004년에 쓰였다. 단병호 당시 민주노동당 의원 등 국회의원 16명이 파견근로자 보호에 관한 법률(파견법) 폐지안을 발의하며 '제안 이유 및 주요 내용'에 쓴 글이다.

하지만 이 법안은 2008년 17대 국회 임기가 끝나며 폐기됐다. 그리고 폐지를 주장한 이유였던 이 법의 부작용 세 가지 ①중간착취 ②고용 불안 ③노동 기본권 무력화는 지금 더 넓고 깊게 퍼져 있다. 이 법안이 국회를 통과했다면, 간접고용 노동자들의 삶은 좀 달라졌을까.

간접고용 노동자를 보호하기 위해 발의됐지만 국회를 통과하지 못한 법들. 국회의원들에게 전달한 질의서의 답변을 기다리는 동안 우리는 이 '실패의 역사'를 되짚어봤다. 20년 넘게 아무 안전장치도 없이 합법적인 중간착취가 가능했던 이유를 찾기 위해서였다.

전혼잎 기자는 16대 국회(2000년 개원)부터 2021년 2월 말까지, 국회 의안정보시스템에서 21년 동안 국회의원이 발의한 간접고용 관련 법안을 전수조사했다. 16대 국회 이후부터 조사한 것은 '중간착취를 처음 합법화한 법'으로 평가받는 파견법이 시행(1998)된 후 열린 첫 국회였기 때문이다. 파견법 시행 이후부터 간접고용이라는 고용 형태가 본격화됐고 중간착취도 함께 시작됐다.

21년간 국회의원이 발의한 간접고용 관련 법안은 총 91건이었다. 대부분이 근로기준법, 노동조합 및 노동관계조정법(노조법), 파견법을 고쳐 간접고용 사용을 제한하고 노동자들의 기본권을 보장하는 쪽으로 법을 현실에 맞게 바꾸자는 내용이었다.

91건. 21년간 국회에서 발의된 전체 법안인 7만9216건 중 0.11퍼센트에 불과하다. 간접고용 문제에 관심을 가진 국회의원이 그만큼 적었다는 뜻이리라.

하지만 법안 수보다 더 처참한 것은 이 개정안이 국회를 통과한 비율이다. 91건의 법안 중 실제 법 개정으로 이어진 것은 단 2건(2

퍼센트)뿐이었다. 이 2건은 파견 노동자의 차별 개선에 대한 것으로, 중간착취와 관련된 법안이 아니었다. 한 건은 파견 노동자를 차별할 수 없는 항목을 기존 '임금 등'에서 임금, 상여금, 성과금, 복리후생 등으로 구체화한 것이었다. 다른 한 건은 사업주가 차별 시정 명령을 받은 경우 이를 신청한 노동자뿐 아니라 같은 조건에서 일하는 노동자 모두 차별이 개선될 수 있도록 법을 개정한 것이었다. 2건 모두 이한구 당시 새누리당 의원이 발의한 파견법 개정안으로 19대 국회(2012~2016)에서 통과됐다. 진보 정당이 훨씬 많은 법을 발의했지만 단 한 건도 통과되지 못했다.

89건의 개정안은 국회 환경노동위원회에 계류된 채 논의조차 제대로 되지 않다가 국회 임기 종료와 함께 폐기됐다. 이 중에는 통과됐다면 직간접적으로 중간착취를 막을 수 있었던, 아까운 법안도 많았다.

중간착취 문제에 핀셋을 들이댄 법안도 하나 있었다. 파견업체가 원청에서 받은 돈(파견 대가) 중 '고용노동부령으로 정하는 최소한의 비율 이상은 파견 노동자에게 임금으로 지급하라'는 조항을 신설하자는 파견법 개정안(함진규 전 미래통합당 의원, 20대 국회)이었다. 원청은 파견업체에 임금, 4대 보험료, 퇴직금, 파견회사 이익금 등을 '파견 대가'로 지급하지만, 파견업체는 노동자에게 최저임금만 주고 나머지는 중간착취하는 경우가 많다. 이를 막기 위한 최소한의 안전장치를 만들자는 것이었지만 2020년 폐기됐다.

또 파견업체가 원청에서 받은 파견 대가(노동자 임금, 4대 보험료, 파견 회사 이익금, 부가가치세 등이 합쳐진 총액)를 항목별로 구분해 노동자에게 알려줘야 한다는 법안도 19대 국회부터 2021년까지 6건이나 발의됐으나 통과된 것은 없다.

좀더 큰 틀에서 간접고용 자체를 막거나 노동자들의 근로 조건을 향상시킬 수 있는 법안도 많았다. 상시 업무는 직접고용을 원칙으로 한다는 점을 근로기준법에 명문화하자는 법안, 파견 허용 업무 및 사유를 제한하자는 법안은 18대 국회(2008~2012)부터 12년간 한 번도 빠짐없이 발의됐지만 모두 폐기됐다.

원청도 간접고용 노동자의 사용자로 봐야 한다는 것 역시 단골 법안이었다. 근로기준법과 노조법상 사용자의 범위는 '근로계약을 맺은 당사자' 즉 용역업체나 파견업체로 제한되어 있다. 이에 사용자의 범위를 '근로계약과 상관없이 실질적인 지배력, 영향력이 있는 자'로 확대해 원청에도 책임을 물을 수 있도록 하자는 법안도 17대 국회(2004~2008)부터 16년간 발의됐지만, 단 한 건도 통과되지 못했다.

이 법안들이 발의→방치→폐기를 반복하는 동안 간접고용 노동자는 더 늘었고, 근로 조건은 더 악화됐다.

여기에 한몫 더 거든 것은 정부였다. 정부는 국회와 더불어 법을 고치거나 만들 수 있는 기관이지만, 노동자 보호보다는 파견업체 편에 서 있었다. 정부가 파견법을 만들었을 때부터 이미 예정된

수순이었을까.

전혼잎 기자가 국회 의안정보시스템에서 23년 동안 정부가 발의한 간접고용 관련 법안을 조사한 결과 총 7건(법률용어 한글화 관련 개정안 2건 제외)이었다. 모두 파견법 개정안이었고 이 중 3건이 국회를 통과했다.

정부는 2004년 파견 허용 대상을 모든 업종으로 확대하고(네거티브 방식), 파견 허용 기간을 2년에서 3년으로 늘리는 것을 골자로 한 개정안을 발의했다. 두 가지 모두 재계의 숙원이었다. 당시 정부는 "현행 파견 가능 업무가 26개로 한정되면서 인력 수요에 부응하지 못해 불법 파견 및 위장 도급의 원인이 됐다"고 설명했는데, '불법을 저지르는 이가 많으니 이를 더 이상 불법으로 보지 않겠다'고 선언한 것이나 마찬가지였다.

이 법안은 노동계의 거센 반발에 직면해 2년간 표류했다. 결국 파견 대상 업무를 다소 늘리되 기존의 포지티브 방식으로 하고, 파견 기간도 2년으로 유지하는 수정안으로 17대 국회에서 가결됐다. 파견 근로 2년 경과 시 직접고용한 것으로 본다는 '고용 간주' 조항은 직접고용한다는 '고용 의무' 조항으로 후퇴했다.

일부 노동자를 보호하는 법안도 있었다. 파견 근로자가 직접고용된 노동자와 같은 일을 할 경우에는 임금 등을 차별하지 못하도록 했고, 파견업체가 원청으로부터 받는 '파견 대가'를 노동자에게도 서면으로 고지하도록 했다. 하지만 이 조항들은 대부분 현실에서 지켜지지 않고 있다.

더구나 '서면 고지' 의무 관련 처벌은 18대 국회에서 바로 약화됐다. 파견 노동자에게 파견 조건 등을 서면으로 미리 알려주지 않을 경우의 벌칙은 '1년 이하의 징역 또는 1000만 원 이하의 벌금'이었는데 '1000만 원 이하의 과태료'로 완화됐다. 이마저도 과태료 부과는 9년(2012~2020) 동안 단 2건에 그쳤을 정도로 사문화된 법이다.

문재인 정부에서도 파견업체에 유리한 규제 완화는 계속됐다. 제한 능력자(미성년자·피성년후견인·피한정후견인) 또는 파산을 이유로 허가가 취소된 사람은 3년이 지나지 않으면 근로자 파견 사업 허가를 내주지 않았지만, 결격 사유가 해소되면 바로 허가를 내주도록 하는 파견법 개정안이 21대 국회에서 통과됐다. "파견 사업을 취소하는 것도 모자라 3년간 못하도록 하는 것은 이중 제재"라는 게 고용부의 설명이었다.

국회와 정부가 23년간 간접고용 노동자 보호에 등 돌린 탓에 근로기준법은 아직도 1953년 제정 당시, 과거의 노동 시장에 머물러 있다. 용역업체도 파견업체도 없던 그때, 간접고용이라는 말조차 없었던 당시의 법은 당연히 오늘날 실재하는 346만 명의 간접고용 노동자를 한 명도 보호하지 못하고 있다. 이 낡은 법을 도대체 언제까지 방치하려는 걸까.

3 _____ 잔인한 말, 검토

국회의원들에게 '중간착취 금지를 위한 입법 제안' 질의서를 전달하며 2주 내에 답변을 달라고 요청했다. 3월 중순, 답변서가 하나둘 도착했다. 그런데 내용을 몇 번씩 읽어봐도 잘 정리가 되지 않았다.

모든 질문에 대한 답변의 시작은 '공감'이었다. 중간착취 문제가 심각하기 때문에 꼭 바로잡아야 한다고 다들 얘기했다. 그다음에는 이유와 고민이 나왔다. 법을 만들었을 때 나타날 수 있는 부작용, 민간 노동 시장에는 적용하기 어려운 한계, 중간착취 문제를 법으로 막는 것에 대한 현실적인 제약……. 그리고 마지막은 대개 '검토'로 끝났다. "추가적인 검토가 필요하다" "긍정적으로 검토하겠다" "현재 검토 중이다".

언제, 어떻게 검토하겠다는 구체적인 계획은 없었다. 기약 없는 희망 고문, 문제를 외면할 때 숨기 좋은 말. '검토'가 이토록 잔인한 말인 줄 미처 몰랐다.

누구도 "나는 별로 관심이 없다" "이 법안은 발의 못 하겠다"고 답하지는 않았는데 묘하게 거절당한 것 같은 기분. 거절인 듯 아닌 듯, 하지만 결국은 거절 같은 답변서에 망연해졌다. 물론 모든 의원이 거절한 건 아니었고, 일부 의원은 적극적으로 법 개정에 나서주었다.

우리가 국회의원들에게 제안한 법안은 네 가지였다.

(1) "용역업체가 임금에 손대지 못하게 하라" 관련 법 개정

전체 도급비 중 노동자의 노무비로 책정된 금액은 100퍼센트 노동자에게 지급하도록 법을 바꾸자는 제안이다. 경비, 이윤, 관리비 등만 용역업체에 주고, 인건비는 노동자에게 직접 지급하자는 것이다.

실제로 일부 업종에서는 이미 이 방식을 택하고 있다. 건설업에서는 '직접지급제'가 법제화돼 공공 공사는 건설사가 노동자의 통장으로 임금을 바로 지급한다. 조선업은 '에스크로escrow 제도'를 활용하고 있다. 원청이 공사 대금을 제3자(금융기관 등)에게 예치했다가 하청이 급여 내역서를 통보하면 에스크로 계좌에서 노동자 계좌로 임금이 입금된다.

고 김용균씨 사망 후 심각한 중간착취 문제가 드러난 발전소에서도 경상정비 분야에서 같은 방식의 '적정 노무비 시범 사업'을 실

시하고 있다. 원청인 발전사가 하청업체 노동자의 노무비를 별도의
전용 계좌에 지급하는 방식이다.

우리가 질의서를 전달한 국회 환경노동위원회 소속 의원 15명
중 11명이 답변서를 보내왔는데, 이 중 강은미 정의당 의원만 이 법
안에 관심을 가졌다. 강 의원은 '하도급거래 공정화에 관한 법률'
개정안을 준비하고 있었다고 한다. 중대재해 등 원청의 귀책 사유
로 작업이 중지돼 하청업체 노동자들도 휴업 상태에 빠질 경우 보
호 방안이 미흡하고 휴업수당을 받지 못하는 사례가 많아 이를 바
로잡기 위해서였다. 개정안의 주요 내용이 원청이 하청에게 도급비
중 임금을 구분해서 지급하고, 임금을 보호할 수 있도록 보증보험
등을 들도록 하는 것이었다. 처음부터 중간착취를 막기 위해 준비
했던 법안은 아니지만, 강 의원실은 이 같은 임금 별도 지급 법안
이 중간착취를 막는 효과도 있을 거라고 얘기했다.

박대수 국민의힘 의원은 공공 부문에서 발주한 사업의 임금은
직접 지급하도록 하는 근로기준법 개정안 발의를 준비하고 있다고
했다.

(2) "파견 수수료는 정해진 만큼만" 파견법 개정안

파견법 개정안은 안산시비정규직노동자지원센터 문상흠 노무사가
제안한 것들이다. 현장에서 오래 파견 노동자들을 상담해온 그는
파견법에서 세 가지를 고쳐야 한다고 봤다.

파견 수수료 상한 설정하기 파견업체가 원청에서 받는 전체 돈(파견 대가) 중 정해진 비율 이하로만 수수료(이윤)를 받도록 하자는 것이다. 파견업체와 사실상 비슷한 방식으로 노동자를 공급하는 직업소개소는 '직업안정법'이라는 법의 규제를 받고 있다. 직업안정법(19조)은 직업소개소에서 일을 구하는 노동자들을 보호하기 위해 소개소가 구직자에게 임금의 최대 1퍼센트를 최대 3개월까지만 수수료를 부과할 수 있도록 제한하고 있다. 하지만 파견법에는 파견 수수료와 부과 기간에 상한이 없다. 파견업체가 원하는 만큼의 수수료를 노동자가 퇴사할 때까지 매달 받을 수 있는 구조다.

파견업체의 수수료를 근로계약서에 명시하기 파견업체가 원청으로부터 받는 수수료, 즉 이윤을 근로계약서에 명시하도록 법을 바꾸자는 것이다. 현재는 파견업체가 원청으로부터 받는 '파견 대가' 즉 총액을 노동자에게 서면으로 알려주도록 하고 있지만 지켜지는 예가 거의 없다. 또 노동자가 요청하면 파견업체가 파견 대가를 인건비, 4대 보험료, 수수료 등 세세한 항목별로 알려줘야 할 의무가 있지만, 이런 권리가 있는지 아는 노동자가 거의 없을뿐더러 안다 해도 업체에 이를 요구하기란 쉽지 않은 일이다. 그러니 아예 일 시작 전에 반드시 작성해야 하는 근로계약서에 노동자 자신의 몫인 인건비와 파견업체가 떼는 수수료를 모두 공개하도록 법을 바꾸자는 아이디어다.

파견업체 위장 폐업 시 고용 승계하기__ 파견업체들은 퇴직금 등을 주지 않기 위해 폐업한 후 상호나 대표자 이름만 바꿔 새로 업체를 여는 일이 비일비재하다. 사업이 어려워서 폐업하는 것이 아닌, 돈을 떼어먹기 위한 가짜 폐업, 즉 '위장 폐업'이다. 이에 위장 폐업 후 새 회사를 차리더라도 노동자들의 고용을 승계해서 근속 기간이 인정되도록 하자는 것이다.

이 개정안은 국회의원들로부터 가장 많은 관심을 받았다. 파견법이 파견 노동자를 보호하지 못한다는 문제의식이 폭넓게 형성돼 있는 데다 바꿔야 할 법 조항이 비교적 분명했기 때문인 듯했다.

특히 환경노동위원회 소속이 아니라서 질의서를 전달하지 않았던 강민정 열린민주당 의원은 3월 파견 수수료를 근로계약서에 명시하는 것을 골자로 한 파견법 개정안을 대표 발의하기도 했다. 강 의원실은 "중간착취의 지옥도' 기사를 보고 해당 문제를 시정하기 위한 입법 작업에 직접 나서서 이번 개정안을 발의하게 됐다"고 우리에게 알려왔다.

또 4월에는 이수진(비례) 민주당 의원이 파견 수수료 상한을 설정하자는 법을 발의했다. 박대수 국민의힘 의원 역시 파견법 개정안을 준비하고 있다.

(3) "원청도 사용자다" 노조법 개정안

간접고용이 늘어나는 근본적인 이유는 원청에게 '장점'이 너무 많기 때문이다. 적은 비용으로 노동자에 대한 책임과 의무 없이 노동력을 사용할 수 있다. 이런 '장점'을 없애고 노동자들이 노동의 대가를 온전히 받을 수 있게 하는 방법 중 하나는 노동조합및노동관계조정법(노조법)상 사용자의 개념을 '실질적인 영향력을 행사하는 자'로 확장하는 것이다.

현재 사용자는 '근로계약을 맺은 자'로만 한정되어 있어 용역·파견업체만 노동자의 사용자다. 노동 관련 법은 간접고용이라는 말도 생기기 전, 사용자와 노동자가 일대일로 직접 근로계약을 맺던 수십 년 전에 멈춰 있는 것이다.

사용자의 범위가 확장되면 원청은 단체교섭에 응해야 하고 노동자들은 자신들의 임금 등 근로 조건 개선을 원청에 요구할 수 있는 길이 열린다. 원청은 '법적 의무가 없다'고 하고, 용역업체는 '우리는 권한이 없다'고 하면서 아무도 책임지지 않아 노동자를 '낙동강 오리 알 신세'로 만드는 일을 조금은 줄일 수 있다.

이 법안은 2020년 강은미 의원이 발의했다. 우리에게 답변서를 보낸 국회의원 11명 중 7명도 이 법안에 "적극 찬성한다"고 밝혔다. 그러나 이 사용자성 확장 법안은 이미 17대 국회부터 17년째 발의돼온 '단골 폐기 법안'이기도 해서 21대 국회(2020~2024)에서 통과될 수 있을지는 여전히 미지수다.

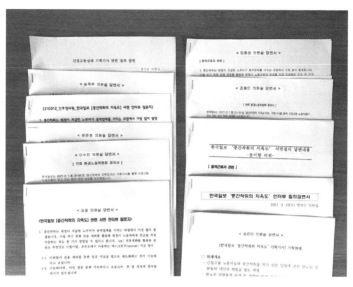

질의서를 전달한 국회 환노위 소속 국회의원 14명 중 11명이 입장을 밝힌 답변서.

(4) "간접고용 노동자 보호법을 만들자" 별도 법 제정

우리가 제안한 마지막 법은 많은 간접고용 노동자가 합법적으로 착취당하고 있는 만큼 이들을 보호하는 별도의 법을 만들자는 것이었다. 반드시 별도 법을 만들자는 것이라기보다, 법 밖에 있는 용역 노동자들을 보호할 어떤 대안들을 가지고 있는지 듣고 싶은 마음이 컸다.

별도 법 제정에는 크게 두 가지 주장이 있다. '근로기준법, 노조법 등 기존 법을 고쳐도 된다'는 주장과 '별도 법을 만들어 보호하자'는 주장이다. 이 논쟁은 역사가 길다. 2012년 19대 국회 개원 첫날 새누리당 이한구 원내대표는 '민생 법안 1호'라며 '사내하도급 근로자 보호 등에 관한 법률안'을 대표 발의했다. 법 이름만 보면 그럴듯했지만 오히려 불법 파견을 합법화해 사업주에게 면죄부를 주고, 취약한 근로 조건을 그대로 고착화시킨다는 이유로 큰 비판을 받았다. 결국 이 법안은 제대로 논의되지도 못한 채 폐기됐다.

그 후 별도 법 제정안이 발의된 적은 없다. 기존 법을 바꿔 그들의 권리를 보호하는 쪽의 발의가 많았다. 하지만 이 역시 통과된 법안은 없었다.

지켜보는 입장에서는 답답하다. 새 법을 만들든, 있는 법을 고치든 중요한 건 보호다. 논쟁적이라는 이유로 묻어두기만 한다면 현실은 언제 바뀌나.

답변서를 보내온 11명의 의원 중 4명의 의원이 우리가 제안한 법안 중 한두 개를 발의하겠다고 했다. 간접고용 노동자 100명의 목소리가 모여 일궈낸 엄청난 성취일 수도, 아니면 국회의원들이 내는 수많은 영혼 없는 법안 중 하나일 수도 있다. 이 법안들이 어느 쪽인지, 여전히 잘 구분하지 못하겠다는 게 솔직한 심정이다.

기사에는 희망 쪽에 무게를 실었다. 국회의원들의 답변서 내용과 발의 준비 내용을 전하는 기사는 "'중간착취 금지' 위한 법들, 국회 여정을 시작하다'라는 제목을 달고 2021년 4월에 보도됐다. 이 여정이 금방 좌초돼버릴지도 모른다는 불안은 숨긴 채.

기사가 나간 날 새벽 6시 54분. 은행 경비원 강지선씨에게서 장문의 메시지가 왔다.

"기자님 아침부터 눈물 나네요. 감사합니다. 기사 잘 읽어보았습니다.

실은 최근 몇 주간 고민고민하다가 퇴직해야겠다 맘먹고 있었거든요……. 계산해보니 실업급여를 받게 되면 제 월급과 8만 원 정도밖에 차이 나지 않기에. 더 나이 들어 지점 없어지고 잘리느니 조금이라도 젊을 때 숨 돌리고 다시 가보자 그런 맘으로……

3주 가까이 정말 고심했던 고민이고 엊그제 마음 굳히고 구직급여 받을 수 있는 방법 알아보고 다녔는데 기자님 기사 보자마자

2021년 2월 24~26일 방문한 국회 의원회관의 의원실 12곳. 모두 국회 환노위 소속 의원들로 의원 혹은 보좌진을 만나 '중간착취 금지 입법 질의서'를 전달했다.

'아…… ㅜㅡㅜ' 했어요. 힘써주시는 분들이 있었는데…… 눈물 나게 하시네요 증말~~♡ 다시 한번 감사하다고 인사드립니다.

세수도 하기 전에 기사를 보고 울컥해서 두서없이 막 톡을 써 올립니다."

울컥한 사람은 나였다. 지선씨는 처음 인터뷰했던 날부터 매번, 어김없이 내게 용기를 준다. 희망과 불안, 체념 사이를 오가는 나를 희망 쪽으로 이끄는 사람은 불안에 발을 딛고 선 그였다.

4 ＿＿＿＿＿ 고용노동부와 경총

법을 바꿔보자고 두 번째로 찾아간 곳은 고용노동부였다. 국회처럼 법을 고칠 수도 있고, 여러 제도를 만들어 노동자를 보호할 수도 있는 곳이다.

2021년 3월 말 세종시 고용부 청사 1층. 입구 오른쪽 벽면에는 광복 이후부터 현재에 이르기까지 고용노동부의 역사가 연대순으로 적혀 있었다. 1945년 미 군정 상공부 노동과로 존재하다가 1963년 노동청으로 승격되고, 1981년에는 노동부로 다시 한번 승격된 역사. 노동자 권익이 사회에서 중요한 가치로 자리잡아온 흐름과 궤를 같이하고 있었다.

최저임금위원회 설립, 남녀고용평등법 공포 등 고용부가 만든 주요 법과 제도도 빼곡히 적혀 있었다. 이 벽면에 간접고용 노동자 보호를 위한 법과 제도가 새겨지는 날이 올까. 고용부 역사를 훑어보는 사이, 이날 방문하기로 한 근로기준정책과 공무원이 우리에게 다가왔다. 고용부는 미리 방문 약속을 잡고, 담당 공무원이 1층으로 방문객을 데리러 내려와야만 방문증을 받을 수 있었다. 국회만큼이나 출입이 어려운 곳이었다.

사실 문턱 높고 속도 느린 것으로는 국회를 빗대기 힘들 정도였다. 고용부에 처음 연락한 것은 3월 초였다. 대변인실에 이재갑 당시 장관 또는 박화진 차관을 만나 '중간착취 금지 입법 질의서'를 전달하고 싶다고 요청했다. 어렵다면 근로기준법, 비정규직 정책 등을 담당하는 근로기준정책관(국장급 공무원)이라도 면담할 수 있게 해달라고 했다. 그러나 "무게감이 맞지 않는다" "바쁘다"는 이유로 모두 거절당했다. 결국 근로기준과장을 만나기로 했는데, 만남 일정을 잡는 데만 3주가 걸렸다. 그 후 답변서를 받기까지 또 35일이 걸렸다.

느린 것도 문제였지만, 답변서 자체가 또 하나의 커다란 장벽이었다. 어려운 행정·법률 용어가 뒤섞인 장황한 설명은 독해가 잘 안 됐다. 과연 이해하라고 준 것인지 의심스럽기까지 했다. 물론 대략적인 느낌은 왔다. 우리가 질문한 다섯 가지 항목에 대한 답변의 결론이 모두 "신중히 검토하겠음"이었으니까. "추진해보겠음"은 어디에도 없었다.

답변서를 정확히 이해하기 위해 전문가들에게 '독해'를 의뢰했다. 이를 읽어본 전문가들은 똑같은 말을 했다. "경총 답변서인 줄 알았어요." 노동 시장에서 사용자의 논리를 대변하는 한국경영자총회의 주장이 그대로 담겨 있다는 얘기였다.

사실 우리는 급진적인 요구를 한 게 아니었다. 당장 파견법을 폐지하자거나, 간접고용 노동자를 모두 직접고용으로 전환하자고 제안한 게 아니었다. 이 일들이 얼마나 오래 걸리는 것인지, 훗날 이런 일이 실현되더라도 간접고용은 끝내 존재할 것임을 알고 있다. 그러니 이들의 근로 조건이 나아질 때까지, 일단 임금을 떼어먹히는 일이라도 막자는 거였다. 근본적으로 간접고용을 없애지는 못하지만, 그렇기에 현실적으로 수용 가능한, 당장 바꿔볼 만한 법들을 제안했다. 그런데 정부는 이마저도 어렵다고 했다.

첫 번째 제안, 원청이 노동자에게 임금을 직접 주도록 하자는 제안부터 거절당했다. 고용부의 답변은 이랬다.

"(간접고용이) 용역, 노무도급, 위임, 도급 등으로 개념이 혼재돼 사용되는 경향이 있고, (한국일보가) 제안하는 임금 지급 방식은 대상을 명확히 설정하기 어려운 측면이 있음. 또 전용 계좌를 통한 임금 지급 방식 제도화는 원청이 하청 인력 운영에 개입하는 결과를 초래하는 등 의도치 않은 부작용도 우려됨."

하지만 우리가 제안한 임금 직접 지급 제도는 이미 시행되고 있는 것이다. 정부는 건설업에 임금 직접 지급제를 법제화했고, 고 김용균씨 사망 후 중간착취 문제가 드러난 화력발전소도 경상정비 분야에 전용 계좌로 임금을 지급하는 '적정 임금 지급 시범 사업'을 하고 있다. 고용부의 설명대로 임금 직접 지급제가 '원청이 하청 인력 운영에 개입하는 것'이라면, 발전소와 건설업에서 시행하고 있는 것은 대체 어떻게 설명할 수 있을까.

건설업처럼 중간착취와 임금 체불이 심각한 곳, 발전소처럼 사회적으로 논란이 된 곳에서만 이런 제도를 운영하겠다는 걸까. 다른 간접고용 노동자는 계속 중간착취를 당해도 된단 말인가.

정부의 설명대로 간접고용의 형태는 다양하다. 그렇다면 세부 형태를 나눠서 적용 가능한 부분을 찾아낼 수도 있을 것이다. 권영국 변호사는 이렇게 말했다. "사업을 완전히 독립적으로 운영하는 실제 도급에는 적용하기 어려울 수 있지만 원청 사업장에 인력만 공급하는 '노무도급'에 이런 제도를 도입하는 게 불가능하지 않죠."

파견 수수료를 정해진 비율만큼만 떼도록 파견법을 바꾸자는 제안에도 '검토'라는 말 뒤로 숨었다.

"현행 파견법상 허용되는 업무의 범위와 내용이 다양해 적정한 수수료의 수준, 어떻게 설정하고 제시할 것인지 신중한 검토 필요."

직업소개소에서 일을 구하는 노동자에게는 1퍼센트까지만 수수료를 뗄 수 있도록 법(직업안정법 19조)으로 규제하고 있는데, 거의 같은 방식으로 운영되는 파견업체에는 수수료를 규제할 수 없다는 것이었다. 하지만 파견법은 중간착취를 합법화시킨 것이기 때문에 규제 역시 가할 수 있다는 게 전문가들의 의견이었다. 또 고용부가 말한 '적정한' 수수료에 대해서는 노동자와 사용자 간의 견해 차이가 클 것이다. 이건 정부가 다른 여러 기준과 시장 상황을 감안해서 정하면 될 문제다. 노동 시장의 규칙을 정하는 게 정부의 역할 아닌가.

그런데 공정한 심판으로서 양쪽의 이해를 조율하기보다는 한쪽으로 쏠린 듯한 답변이 계속됐다. 파견 노동자들이 파견업체의 수수료와 자신의 임금을 정확히 알 수 있도록 근로계약서에 명시하자는 제안에 대한 답변은 아래와 같았다.

"파견 순이익까지 명시하도록 하는 것은 경영상 비밀에 대한 과도한 제한이라는 의견도 있는 상황. 파견 수수료 등에 대한 실태 조사를 올해 추진하고 전문가 의견을 수렴할 예정임."

'경영상 비밀'은 완벽한 사용자의 언어다. 2021년에 파견 수수료에 대한 실태 조사를 실시한다는 점은 그나마 다행이었지만 크게 기대되지가 않았다. 사용자의 논리를 내재화한 고용부의 시각이 바뀌지 않는 한, 실태 조사 결과가 어떻게 나오든 법 개정이나 제도 개선으로 이어질 것 같지 않기 때문이다. 똑같은 실태 조사 결과도 어떤 시각으로 바라보느냐에 따라 전혀 다른 해석으로 이어질 텐데, 고용부의 시각은 별로 미덥지 않았다.

전문가들이 특히 '경총' 운운한 것은 "사용자 개념을 확장하자"는 제안에 대한 답변 때문이었다.

"(사용자 개념을 '실질적으로 근로자의 근로 조건에 영향력을 행사하는 자'로 넓히면) '영향력을 행사하는 자'의 개념이 모호해 노사 갈등이 가중되고 현장 혼란이 증가할 가능성도 고민해야 함. 특히 노조법은 사용자의 부당노동 행위에 대해 형사 처벌을 규정하고 있어, 불명확한 사용자 판단 기준은 죄형법정주의 원칙에도 위배될 우려가 있음.
원청 사업주에 대해 단체교섭과 쟁의 행위의 당사자성을 인정하는 경우 민법상의 도급계약 등이 형해화되어 민법상 계약에 대한 상당한 제한으로 작용할 우려도 있음."

고용부의 답변은 전제부터 틀렸다. 고용부는 사용자 개념 확장으로 인해 일어날 '노사 갈등'과 '현장 혼란'을 우려했지만, 현재 간접고용 현장은 이미 갈등과 혼란의 도가니다. 사용자 역할을 하는 원청이 사용자로 인정되지 않기 때문이다. '책임이 없다'는 원청, '권한이 없다'는 용역업체 사이에 끼어 혼란스러워하며 신음하는 것이 지금의 간접고용 노동자들이다. 그런데 고용부는 거꾸로 원청을 사용자로 인정했을 때 노사 갈등이 가중된다며 사용자 개념 확대에 부정적인 입장을 내비쳤다.

특히 '민법상 도급계약에 상당한 제한으로 작용한다'는 부분은 경영계의 논리를 그대로 대변한 것이다. 노동법은 '계약의 자유'가 갖는 결함을 보완하기 위해 존재한다. 그런데 노동법을 현실에 맞게 수정해 노동자들의 권익을 대변해야 할 공무원들이 오히려 계약의 자유만 강조했다. 정흥준 교수는 고용부의 답변서를 보고 충격을 받았다고 했다. "자유시장에서의 계약이 노동자들의 권리를 침해하고 있기 때문에 그걸 보완하자는 것인데, 계속해서 자유계약 논리만 얘기하고 있어요. 경총에 질의해도 이거랑 비슷하게 답변할 거예요."

정흥준 교수의 말대로 경총에도 똑같은 질의서를 보냈다. 정부와 경영계의 입장이 얼마나 일치하는지 비교해볼 심산이었다. 맨처음 질의서에 대한 답변을 요청했을 때 "답변하겠다"고 한 경총 홍보 담당자는 메일로 보낸 질의서를 받고선 "대답하기 곤란한 내용이 있다"며 "검토한 후 상위에 보고한 뒤 연락을 주겠다"고 말했다. 당황한 기색이 역력했다. 하지만 그는 한 시간 뒤 "우리가 답변하는 건 맞지 않는 것 같다"며 거부했다. 아쉽게도 정부와 경총의 입장을 비교할 순 없었지만, 아마도 크게 다르지 않을 것이다.

원청을 사용자로 인정하기 어렵다는 고용부의 인식은 여러모로 시대착오적이다. 정부는 2021년 4월 그동안 미뤄온 국제노동기구(ILO) 핵심 협약 중 세 가지(제29호 강제노동 금지, 87호 결사의 자유 및 단결권 보호에 관한 협약, 98호 단결권 및 단체교섭권 원칙의 적용에 관한 협약)를 비준했다. ILO 핵심 협약은 전 세계 노동자 권익을 위한 국제기구인 ILO가 노동자의 기본 원칙을 집약한 것으로 '국제 노동권 표준'이라 할 수 있다. 총 8개의 핵심 협약 중 우리나라는 '결사의 자유'(87호, 98호) 등 4개가 국내 현실과 안 맞는다며 비준을 미뤄오다 이번에 세 가지를 비준한 것이다.

세 가지 협약은 2022년에 발효되는데, 전문가들은 이 협약 이행 과정에서 가장 중요한 쟁점으로 사용자 개념 확장을 꼽는다. 우리나라는 여전히 직접 근로계약을 맺은 사람만 사용자로 제한하고 있다. 하지만 ILO 기준은 "노조와 하청·파견 노동자의 고용 조건을 결정할 수 있는 자 사이의 단체교섭은 항상 가능해야 한다"이다. 즉 ILO 기준에 맞추려면 사용자 개념을 확대해 간접고용 노동자들의 단체교섭권을 인정하는 새로운 법이 시급하다.

또 2021년 1월에 제정된 중대재해처벌법은 이미 사용자의 개념을 넓혔다. 중대재해가 발생했을 때 처벌 대상에 '경영 책임자'를 명시해 원청도 사용자 범주에 넣은 것이다.

국가인권위원회는 2019년 고용부에 이미 사용자 개념 확대를 권고했고, 국회에서는 17대부터 매번 이 법안이 발의됐다. 이미 20

년 가까이 제기돼온 문제를 아직까지 "신중히 검토하겠다"고만 하는 것은 직무유기다.

고용부는 우리가 질의한 나머지 두 질문인 '용역근로자 근로조건 보호지침'(가이드라인)에 대한 법적 구속력 향상, '간접고용 노동자 보호법 제정'에 대해서도 "어렵다"는 입장이었다.

'거절'의 이유 중 눈에 띄는 것은 "간접고용을 명확하게 정의하고, 범위를 정하는 것이 어렵다"는 대목이었다. 이것을 정의하고 범위를 정해 적절한 법과 제도를 마련하는 게 고용부의 역할 아닌가. 정흥준 교수는 이렇게 일갈했다.

"범위가 모호해서 법을 만들기 어렵다는 것은, 본인들이 해야 할 일을 하지 않으면서 그 상황을 이유로 못 한다고 하는 것이기 때문에 '유체이탈'이죠. 자신들의 책임이 뭔지 정확히 모르는 것 같아요. 질의서 제안은 다 거절하면서도 '우리가 이런 정책을 가지고 있다'는 대안은 하나도 없잖아요."

사실 희망을 품고 고용부의 답변서를 기다린 것은 아니었다. 3월 말 고용부 근로기준정책과장과 차별개선과장을 만나 이야기를 나눴을 때 이미 적극적으로 나서지 않을 거란 느낌을 받았다. "간접고용 문제는 여러 부처가 다 얽혀 있는 것이라 고용부 혼자 하기는 쉽지 않다" "이게 너무 복잡해서 쉽지가 않다"는 말을 여러 번 들었다.

이에 4월 청와대 춘추관을 통해 일자리 수석 혹은 관련 담당자와의 면담을 요청하기도 했다. 여러 부처가 연관돼 있는 문제는 결국 청와대의 의지가 무엇보다 중요하기 때문이다. 그러나 청와대는 "고용부가 적절한 설명을 한 것"이라며 면담을 거부했다. 고용부의 입장이 정부 입장이라는 것이다.

결국 고용부도 청와대도 중간착취를 허용하는 이 낡고도 나쁜 법들을 고칠 생각이 없어 보였다. 그런데 그 이유가 모두 사용자의 논리라는 점은 생각할수록 참담했다. 2021년 1월 '중간착취의 지옥도' 기사를 읽은 윤여준 전 장관이 보내온 글이 떠올랐다. 거기에는 이런 구절이 있었다.

"국가는 쉽게 말해 사회적 약자를 보호하기 위해 존재하는 것이다. 그것이 공공성이라는 가치이기도 하다. (…) 국가는 지배자들의 이익을 위한 조직이 되어서는 안 된다."

간접고용 노동자들에게도 국가가 있는 걸까.

5 _____ 그럼에도 불구하고

노동자에 대한 공감, 노동자의 언어라곤 하나도 없었던 고용부의 답변서를 받고 한동안 기운이 빠지긴 했다. 하지만 우리 말고도 정부의 게으름을 저격하는 누군가가 있다는 건 큰 힘이 됐다. 고용부의 답변을 받은 후 이틀 뒤인 4월 28일, MBC 라디오 〈표창원의 뉴스하이킥〉은 '중간착취의 지옥도' 기사를 소개했다. 2주에 걸쳐 우리 기사를 상세히 소개했는데, 두 번째 시간이었다. 공공 부문 등 간접고용이 노동 시장 곳곳에 침투해 중간착취를 일삼는다는 걸 설명하던 조승원 MBC 기자가 이렇게 말했다.

"한국일보 기사가 난 지 석 달이 다 됐습니다. 정말 제가 이런 말씀드려야 되는지 모르겠습니다만, 노동부 장관 이런 기사 읽고 나서 장관님 진짜 밤에 잠이 오십니까? 진짜. 전국에 간접고용 노동자가 347만 명입니다."[32]

3월, 고용부에 처음 질의서 전달을 하고 싶다고 전화했을 때 대변인은 이런 기사가 보도된 사실도 잘 모르고 있었다. 장관의 '입'인 대변인이 기사 보도를 모른다면, 장관도 별로 중요하게 생각하지 않았을 가능성이 크다. 내내 지속된 고용부의 무관심과 경영자의 논리로 가득한 답변서에 이젠 화조차 낼 수 없을 때, 다른 기자라도 "장관님 밤에 잠이 옵니까"라고 화를 내주니, 마음이 조금은 누그러지는 듯했다.

고용부가 아무리 등 돌리고 게으름을 피워도, 국회가 간접고용 노동자 관련 법안을 23년이나 방치해도, 변화는 일어나고 있다.

우리 기사를 SNS에 공유하며 중간착취에 큰 관심을 보였던 이재명 경기지사는 경기도 확대간부회의에서 중간착취를 근절해야한다고 강조했고, 이후에도 자신의 SNS에서 여러 번 중간착취를 언급했다. 이에 경기도는 2021년 4월 말부터 경기도 내 '파견·용역노동자 임금 중간착취 근절을 위한 임금 명세표 집중 상담 기간'을 운영했다. 또 같은 달 용역·파견 노동자 1700명과 업체 300곳을 대상으로 중간착취 실태 조사에 착수해 11월까지 조사를 벌일 예정이다. 이와 함께 토론회 등을 개최하며 지속적으로 중간착취 문제를 개선할 예정이라고 한다.

무엇보다 이제 '중간착취'라는 말이 예전만큼 낯설지 않아졌다. 그동안 언론에서 거의 사용한 적 없던 이 단어가 이제는 간접고용 관련 기사에 빈번하게 등장한다. 취재 초기에는 나 역시 이 말이 낯설기만 했다. 근로기준법 9조 '중간착취의 배제' 조항이 있었지만 사문화된 것이나 마찬가지였기 때문이다. 하지만 보도 후 다른 언론과 기관 등이 많은 관심을 가지고 함께 이 단어를 사용하면서 모두가 조금씩 이 단어에 익숙해지고 있는 것 같다.

중간착취 문제가 바로 잡히지 않았던 것은 어쩌면 우리가 자주 말하지 않았기 때문인지도 모른다. 이 단어를 자꾸 말하는 것이 가해자에게 책임을 묻는 첫걸음일 수도 있다. 한 언어가 발화되는 순간, 실재하되 보이지 않았던 문제들이 선명히 그 모습을 드러내곤 하니까.

중간착취. 우리는 앞으로도 이 단어를 계속 말할 것이다. 지방자치단체 등 공공부문에서 중간착취를 막기 위한 제도가 제대로 작동하고 있는지 취재 중이며, 국회와 정부가 관련 법과 제도를 어떻게 바꿔나가는지도 계속 지켜볼 것이다.

1   고 김용균 사망사고 진상규명과 재발방지를 위한 석탄화력발전소 특별노동안
    전조사위원회, 「고 김용균 사망사고 진상조사결과 종합보고서」, 2019. 9,
    105~113쪽.
2   위의 보고서, 108~110쪽.
3   KBS, '구의역 김 군의 진짜 월급은 얼마였을까?', 2016. 10. 25.
4   민중의소리, '한국장학재단은 올려줬다는데 콜센터 상담사 임금은 그대로, 용
    역업체가 가로챘나', 2020. 9. 17.
5   위의 기사.
6   헤럴드경제, ''임금은 안 늘고 휴게시간만 늘어요'…경비원의 한숨', 2017. 1. 6.
7   한국비정규노동센터, 「2020년 8월 경제활동인구 부가조사 분석 보고서」,
    2020. 12. 21.
8   국가인권위원회, 간접고용노동자 노동인권 실태조사 결과발표 및 정책토론회
    발표문, 2019. 1. 16.
9   위의 발표문.
10 위의 발표문.
11 위의 발표문.
12 위의 발표문.

13 한국일보, '월 188만원 은행 경비원의 편지 "중간착취 없이 일하고 싶어요"', 2021. 1. 29.

14 엄밀히 말하면, 현행법은 '직접생산공정 업무'에만 노동자 파견을 금지하고 있다. 제조업 중에서도 전문 지식이 필요한 업무에는 노동자 파견이 가능하다. 단이 책에 언급된 제조업 노동자들은 직접생산공정 업무를 맡고 있기 때문에 표현을 단순화했다.

15 경향신문, '"현대제철 불법파견" 사내하청 노동자 161명 승소', 2016. 2. 19.

16 JTBC, '"해고 논란" LG 구광모 회장 고모회사 추적해보니…', 2021. 1. 5.

17 민주사회를위한변호사모임, 엘지LG 트윈타워 청소노동자 집단해고에 관한 노동법률단체 의견서.

18 JTBC, 'LG계열사, 구광모 회장 고모회사에 지난해 694억원 일감 몰아줘', 2021. 1. 23.

19 내외뉴스통신, '철도공사, 자회사 쥐어짜기 도 넘어 "지적"', 2018. 10. 26.

20 일요신문, '코레일, 자회사는 '봉' 5년간 간판 값 269억·기여금 6천억 뜯어', 2018. 10. 24.

21 위의 기사.

22 관할 노동지청 근로감독 진행 중인 사항으로 정확한 금액과 직원 수는 밝히지 않음. 금액은 만 단위, 인원은 일 단위에서 반올림.

23 법정 공방 중인 사안으로 구체적인 항목과 정확한 수치는 공개할 수 없어 필요한 내용만 발췌. 금액은 만 단위에서 반올림.

24 한국일보, '"을이 을을 착취하는 야만사회, 국가는 뭘 하나" 윤여준 전 장관의 편지', 2021. 1. 30

25 이종필 감독의 영화. 1991년 실제 일어난 낙동강 페놀 유출 사건을 모티브로 삼았다. 2020년 10월 21일 개봉.

26 국회 회의록, 1998년 2월 12일 국회 환경노동위원회 전체 회의.

27 국가인권위원회, 「간접고용노동자 2019년 노동인권 실태조사」.

28 안산비정규직노동자지원센터, 「2020년 안산시 취약계층 노동자 노동조건 개선 사업 보고서」.

29 한국일보, '해고·사망·해고·사망…"간접고용" 취재 중에도 노동자는 계속 울었다', 2021. 1. 30.

30 한국일보, '가사노동권 대폭 향상된다고? "영세업체 '당근' 없인 효과 없다"', 2021. 5. 24.

31 국회입법조사처, 「대리운전업 관련 국내외 입법동향 분석 및 시사점」, 2014. 2. 14

32 MBC, '[뉴스하이킥] "원청과 하청의 불법적 고리 끊고, 중간착취 뿌리 뽑아야!"', 2021. 4. 28.

중간착취의 지옥도
– 합법적인 착복의 세계와 떼인 돈이 흐르는 곳

1판 1쇄	2021년 8월 12일
1판 5쇄	2023년 9월 25일

지은이	남보라 박주희 전혼잎
펴낸이	강성민
편집장	이은혜
마케팅	정민호 박치우 한민아 이민경 박진희 정경주 정유선 김수인
브랜딩	함유지 함근아 박민재 김희숙 고보미 정승민 배진성
제작	강신은 김동욱 이순호

펴낸곳	(주)글항아리 | **출판등록** 2009년 1월 19일 제406-2009-000002호

주소	10881 경기도 파주시 심학산로 10 3층
전자우편	bookpot@hanmail.net
전화번호	031-941-5159(편집부) 031-955-8869(마케팅)
팩스	031-941-5163

ISBN	978-89-6735-939-3 03300

이 책의 판권은 지은이와 한국일보, 글항아리에 있습니다.
이 책 내용의 전부 또는 일부를 재사용하려면 반드시 양측의 서면 동의를 받아야 합니다.

잘못된 책은 구입하신 서점에서 교환해드립니다.
기타 교환 문의 031-955-2661, 3580

www.geulhangari.com